英语教学与教学模式创新应用研究

巴哈古力·阿不力米提　郑　雪　张国泉◎著

线装書局

图书在版编目（CIP）数据

英语教学与教学模式创新应用研究 / 巴哈古力·阿不力米提，郑雪，张国泉著. -- 北京 : 线装书局, 2023.7
ISBN 978-7-5120-5501-8

Ⅰ. ①英… Ⅱ. ①巴… ②郑… ③张… Ⅲ. ①英语－教学研究－高等学校 Ⅳ. ①H319.3

中国国家版本馆CIP数据核字(2023)第106768号

英语教学与教学模式创新应用研究
YINGYU JIAOXUE YU JIAOXUE MOSHI CHUANGXIN YINGYONG YANJIU

作　　者： 巴哈古力·阿不力米提　郑　雪　张国泉
责任编辑： 白　晨
出版发行： 线装书局
　　地　址：北京市丰台区方庄日月天地大厦B座17层（100078）
　　电　话：010-58077126（发行部）010-58076938（总编室）
　　网　址：www.zgxzsj.com
经　　销： 新华书店
印　　制： 三河市腾飞印务有限公司
开　　本： 787mm×1092mm　1/16
印　　张： 11.5
字　　数： 270 千字
印　　次： 2024 年 7 月第 1 版第 1 次印刷

线装书局官方微信

定　　价： 68.00 元

前　言

在全球一体化的趋势下，国际交往频繁，跨文化交流对人才提出了更高的要求。大学英语教学在跨文化交际人才培养的过程中发挥着不可替代的作用。

自 21 世纪以来，我国高等教育步入正轨，大学英语教学经历了规范与发展、调整与改革以及提高与深化三个阶段，并在不断改革以适应和满足社会、时代发展的需要。然而目前，大学英语教学仍然面临费时低效的人才培养困境，尤其是对于跨文化人才的培养，虽然国家英语教育指导性纲要文件《大学英语课程教学要求》明确提出了培养学生具备跨文化交际能力的目标，但如何改变大学英语教学现状、走出大学英语教学困境仍是亟待解决的问题。

英语是一门实践性很强的学科，它在加强学生运用语言进行交际的能力，优化学生大脑语言结构，培养学生的创新素质等方面有得天独厚的优势。在教学中，教师应围绕学生创新能力的培养，进行大胆的探索。信息时代的来到，知识的激增和知识的老化以前所未有的速度进行着。这就要求未来人才必须具备搜集并综合分析各种信息资料的创造性思维能力，单凭学习课本的内容是不足够的。我们应通过拓展教学内容，使学生有更多的机会去发展这种能力。对于英语教学模式也有很多探索，有些借用艺术手段，开发创新，例如引入翻转课堂、信息技术等这些教学模式不仅吸引学生的注意力，也激发学生主动探索、学习。

本书中主要针对高校大学生的英语教学现状进行分析，也提出新教学模式探析。

本书在具体写作过程中参阅了很多有关语言学研究的资料或文献，并将相关参考文献列于书后，如有遗漏，敬请谅解。同时为了保证论述的严谨性与专业性，本书也引用了许多专家、学者的观点，在此表示最诚挚的谢意。另外，由于时间仓促且笔者水平有限，虽然几易其稿，但书中难免存在疏漏之处，恳请广大读者不吝指正。

前言

目　录

第一章　教学模式的概念和历史回顾

第一节　教学模式的概念

一、教学模式的界定

（一）教学模式的各种界定

什么是教学模式，众说纷纭。从各种不同教学理论和各个不同教学方法、教学组织环节形态和教学手段视角来看，教学模式有多种多样的概念和界定。概括地说主要有以下几种。

1. 教学模式是一种教学理论

有的专家从教学理论视角来看，主张教学模式是一种教学理论。他们认为，“教学模式是在教学实践活动中形成的一种设计和组织教学的理论，这种理论是以简化的形式表达出来的”。“模式是再现现实的一种理论性的简化的形式”。确实，教学模式是以抽象形式对教学原型的类比和简约的表达的形式，因此，类比和简约既是教学模式，也是教学理论的本质特征，但它不等于教学理论。此外，教学模式还着重再现教学方法、组织形式、手段等主要因素及因素之间的相互联系，具有实质操作性的特征。因此，教学模式与教学理论之间存在着质的区别。诚然，教学模式既有其理论性的层面，也有其操作性的层面。它是介于教学理论和教学实践之间的中间桥梁，并不是教学理论本身。而教学理论则是用相对完整的教学原理来描述教学现象的一种理论体系。

2. 教学模式是一种教学方法

有的专家从教学方法的视角论述教学模式，认为教学模式是一种教学方法，是一种“特殊的教学方法，运用于某些特定的教学情境”。确实，教学模式与教学方法紧密相连，但它不等于教学方法。教学方法是实现某一目标的单一的、具体的、实践操作的方法和手段。教学模式是比教学方法更高层次的概念。它是依据一定的理论构成的教学过程的程序，是包涵教学方法等因素在内的、实现教学目标和掌握教学内容的整合体。它不仅具有教学方法的操作性特点，而且具有教学理论指导性的特征。

3. 教学模式是一种教学策略

美国教育家保罗·埃金认为，教学模式是“为特定教学目标而设计的具有规定性的教学策略”。当前学界对策略的界定也是众说纷纭，也是从不同的理论、不同的视角把策略界定为方法、方法与技巧、途径、过程和信息处理。

我们可以把它界定为“能引起知识、技能、运用能力、智力、思想文化和情意因素等持久变化的、有效的活动、途径、措施和调控活动（包括内隐的心理活动和外显的行为）的结合体”，是“在学习过程中采用的总的对策、措施和方法，即学习思维活动的自控的程序”。从策略的定义看，策略是在教学过程中采用的总的对策、计划、措施、方法和思维活动的程序。它与教学方法和教学模式既有联系，又有区别。教学模式是在理论指导下构成的教学过程的程序并涵盖着教学方法、教学策略的理论与实践相结合的综合体。

4. 教学模式是一种结构

有人认为教学模式是一种结构。他们认为，教学模式是“某种方案经过多次实践的检验和提炼，形成了相对稳定的、系统的和理论优化了的教学结构，这就是我们所说的教学模式”。教学模式简略地说是一种教学活动的结构。结构是事物主要因素及其联系的关系。结构是教学模式的核心部分，但不是全部。

（二）教学模式的界定

综合上述定义对教学模式特征的分析和根据长期教学实践的积累，我们可以把教学模式界定为：教学模式是用简要的语言、符号或图表等方式表达、反映特定的教学理论，并根据特定的教学目标而设计的、比较稳固的各类教学活动顺序结构的程序及其教学策略、教学方法系统的整合体。

从以上教学模式的概念我们可以看出，教学模式一方面是实施一种教学理论，反映了一种教学理论或教学原理和教学规律，规定了特定的教学目标和比较稳定的教学过程的结构、程序以及必须遵循的教学原则以指导教学实践；另一方面，教学模式也是具体实施操作的策略和方法，将教学策略、方法、教学组织形式和教学手段整合成一个具体完整的操作体系，以便教师能依据比较科学的操作程序、步骤、策略、方法和手段实施教学活动。因此，教学模式是一种既具理论性，又含操作性的典型形式，是介于教学理论和教学实践之间的过渡桥梁。它既可避免因理论高度抽象而难以理解和把握，又可防止因教学方法过于零乱、复杂、琐碎或不得要领而难以应用和实施。它既可使理论转化成具体清晰、准确、鲜明的几条原理，易于理解、把握、迁移和指导教学实践，又能使杂乱无章、琐碎无序的方式方法条理化、程序化、规律化、完整化、系统化和理论化，从而便于操作、应用和实施。

一种典型的教学模式不可能仅仅针对一个具体的知识点。一个知识点也难以构成一种教学模式来进行教学。教学模式是针对一类知识构建自身系统化的体系。因此，一个具体的知识点只有从属于某类知识时，才能以该类教学模式进行教学，如某项语法知识或语法知识中某一时态，都可以采用语法规则的教学模式进行教学。但仅仅是一个词或一个句子的个别或偶然的教学现象是难以产生或构建教学模式的。教学模式不可能在个别、偶然的教学现象中产生，而只能在一类知识或能力概括的、能揭示普遍规律的并可重复模拟标准化的教学活动中构成。作为模式是相对稳定的，但不是固定不变的。它在不同情境中是可把握、可模仿、可变动的，也是可修正和发展的，但是理论和结构体系本质上是稳定的。

教学模式要针对教学内容的不同领域、不同层次来构建，并具有理论性和可操作性。它既不能过于宏观和粗放，也不能过于微观和细化。教学模式过于宏观和粗放就会缺乏针对性、操作性，使教师可望而不可即；而过于微观和细化，则会使教师无章可循。

二、教学模式的基本因素及其联系方式

任何事物的结构都是由其主要因素及各因素间的联系方式组成的，教学模式也不例外。教学模式就是科学地、简略地和有组织地揭示教学活动过程的一种基本结构，因此，有必要对教学模式结构的主要因素和各因素之间的联系方式作分析、说明和论述。

（一）教学模式的因素

既然教学模式是一种反映特定理论，服务于特定教学目标，具有比较稳定教学过程的结构及教学策略、方法和评价体系的综合体，那么它必然蕴含以下几个主要因素。

1. 教学理论

教学理论是教学模式的指导思想、基本原理，是构建教学模式的理论基础。教学理论是规定教学模式的方向性、指导性和独立性的决定因素。一方面，教学理论是教学模式的理论源泉，是教学模式产生、发展的理论基础和可循的历史轨

迹；另一方面，教学理论也是教师应用、实施和操作教学模式的理论依据，是教学导向的指南与坐标，而且还是教学必须遵循的教学原理和教学原则。

2. 教学目标

教学目标是教学模式规定师生预期要求达到的教学结果和教学标准。教学目标既在方向上制约着教学活动结构的程序、步骤的设计以及教学策略与方法的实施和操作，也是最终评价教学结果的标准和依据。制定教学目标的关键是要注意教学目标与教学内容的关联性，使师生充分明确如何通过具体内容的教学达成目标。为此，达标需要关注两个要点：一是要规定必须完成的具体内容的明细条目；二是要明确规定要达到的具体结果及其明确的标准。这样师生才能充分明确教学内容与教学目标之间的关系，才能有效地完成教学内容和达到预设和生成结果的标准。

3. 教学结构

教学结构是教学模式各因素的联系方式，是各因素主要变量的互相联系和作用、排列组合的比较稳固的结构。依据教学理论和教学目标，凭借信息论、控制论、系统论等的理论指导，教学模式结构可分解成彼此独立而又前后衔接、相互联系的阶段和具体操作的程序和步骤。

4. 教学条件

教学条件有外部条件和内部条件两个方面。外部条件主要是指教师的主导作用、教材、教学情境、教学资源、教学策略、教学方法、教学手段以及时空的安排。它们是影响教学质量提高的外部因素，即外因。内部条件主要是指学生主体的主观能动性，包含学生的思想品德、学科知识水平、社会生活经验、情感意志因素、社会文化底蕴、智慧能力和潜能发展及个性特长等内部因素，即内因。教学质量的效率主要依赖于学生的内因，而教师、教材、教法等外因也对内因起推动和促进作用，甚至在一定的条件下，外因对内因还能起主导作用。

5. 教学策略

教学策略是指在教学过程中积极有效的教学途径、方法和技巧的内隐思路和外显行为。有时，教学策略的思维活动能由外显行为凸显，但有时，教学策略却无法以外显行为显示，难以被观察和感知，而常以观念性、方案性、情境性图式和网络贮存在内隐思维中。国内外学者研究证明，学习效率与策略的运用存在正相关。积极有效的策略是减轻学生学习负担，全面提高教学质量和学生素质的重要途径。

6. 教学评价

教学评价是依据教学目标对教学程序中各因素及其综合结果作出科学评估和自我评价的手段，也是检查教学目标、内容完成程度、价值取向和获取反馈信息的重要手段。教学评价的根本目的是全面提高学生素质和教师教育教学水平。教学评价的最主要功能是激励、促进和发展功能。教师要充分发挥教学评价激励、促进和发展功能，激励学生学习的愿望和兴趣，提高学生运用知识进行实践活动的能力，帮助学生改善学习策略方法、手段，发展智慧能力、自学能力和拓展文化视野，从而提高教育教学质量，发展学生的潜能和个性。

（二）教学模式各因素之间的关系

因素是构成教学模式的基本成分和决定教学模式的内在条件。教学模式六个基本要素，即教学理论、教学目标、教学程序、教学条件、教学策略和教学评价，组成一个相互联系的综合体。其中，教学目标是教学模式的核心因素，它在特定的教学理论指导下，制约着教学方法、教学条件、教学策略和教学评价。教学程序、教学条件、教学策略、教学方法和教学评价都要围绕完成教学目标的设计进行安排，为完成教学目标服务。

教学结构是教学模式的关键因素。教学模式是通过结构形式来表述教学活动全过程的。教学结构本身是教学要素的联系方式，而教学要素之间相互作用的联系方式主要体现在具体的时空形式上。教学结构被分解成彼此独立而又相互联系、相互衔接、相互作用的几个阶段和具体的步骤、程序。由此，教学模式常定名为三段式或三步式教学模式。程序、阶段、步骤是以时间先后排列发挥各要素之间相互作用的。这种各要素按纵向时间先后排列是时间上的联系。教学模式的各因素之间还常以平列的空间排列，决定发挥它们横向联系的作用，这是空间上的联系。

由于教学模式各因素在时空范畴内排列组合不同，也就形成了不同的模式类型。又由于学习内容的类型差异而采用不同的策略、方法、手段也呈现出不同的排列组合，则需要对各内容类型设计出有针对性的各种不同教学模式。再由于教学模式中的某一因素的变化能引起该模式的组合变动，进而还能引起模式的变化。在实施某一种教学模式时，师生要处理好各因素之间的关系，发挥各因素之间相互作用的互动功能，发挥各因素相互之间辩证统一的整体优势，从而促进学生提高学习效率，发展全面素质，激励教师提高教育教学水平。

一切教学模式结构的主要因素都是相同和一致的。为什么会出现色彩缤纷、千姿百态的教学模式呢？主要原因是教学模式结构中各因素联系方式在各因素间的时空上表现出不同排列组合的形态。横向空间联系形态之所以能起变化，主要是由师生双方、教材内容和班级、小组组织形式的因素之间排列组合不同和变化所引起的。纵向时间联系形态之所以能引起变化，又主要是由于根据教学理论、教学目标、教学内容设计的教学程序、阶段和教学策略方法的步骤及其反馈系统之间的排列组合不同和变化引起的。横向空间各因素的有机联系和纵向时间形态各因素间的有机结合，两者相互整合成时空联系的网络。

三、教学模式的特点和价值取向

教学模式旨在建立一个在一种理论指导下，设计、组织、实施较为具体、概括，并易于把握、应用的稳固结构和操作程序。

（一）教学模式的特点

在一种理论指导下，设计、组织、实施较为具体、概括，并易于把握、应用的稳固结构和操作程序的教学模式，它具有以下几个特点。

1. 整体性

教学模式旨在建立一个设计、组织、实施抽象理论的低层次的，较为具体、完整的理论联系实践的组织结构体系，起介于抽象的教学理论与实践操作之间的桥梁作用。它把抽象的理论转化为一个完整的教学框架，把教学策略、方法、手段和组织形式统整为一个完整的教学模式以指导教学实践，以便于教师能具体掌握操作和应用。各要素经实践总结、归纳、优化组合，形成一个有效的、完整的教学模式。教学模式将发挥内在各因素教学的整体功能、整体优势、整体效应，并能积极有效地指导教学实践和具体操作，从而提高教学质量。

2. 简约直观性

由于教学模式用简略的语言、符号或图表和直观的程序、阶段、步骤来描述、表征抽象的教学理论，使抽象理论能转化成简单明了、直观具体、形象生动的操作组块框架和策略方法，从而能使实践工作者简易、直观、快捷地理解、掌握、实践操作的过程。这种简约的和直观的教学模式能收到理论与实践相结合的效果。

3. 操作性

教学模式是教学理论联系教学实践的产物，是教学工作者长期学习抽象的教学理论，联系教学实践工作，并进行长期探索、总结、归纳出来的教学活动的框架。教学模式既具有理论性，是抽象理论的具体化、条理化，便于理解和把握；又具有操作性，是整体框架切分成独立而又相互联系的各个阶段、步骤，以便于操作和实践应用，从而使教学理论规律更趋近于教学实际和便于实际操作。实质上，教学模式是教学理论联系教学实践的产物，它能更积极有效地发挥其理论的指导作用和实践的操作作用。

4. 可预见性

由于教学模式是以目标为教学定向的，它依据特定的教学理论，以教学目标为定向，发挥结构中教学策略、方法、手段的整体优势，所以它能预见由程序与结果互动关系而产生的积极有效的成效。

5. 开放性

教学模式是各因素相互有机联系组成的一个开放式的框架，它不是在单一知识点的个别、偶发教学过程中产生和构建的。单一知识点的个别、偶发现象难以总结、归纳和概括出普遍性规律和程序结构性的框架。只有总结、归纳和概括一类知识经常、普遍发生的教学现象，才能产生符合普遍规律和比较稳定的结构框架。尽管教学模式结构是一个比较稳定的框架，但各主要因素之间的变化和联系的排列组合并不是永恒不变的。随着教育教学改革的不断深入和开展，教学实践经验的不断丰富积累，教学实践理性认识的不断加强和提升，以及教学理论的不断深化、更新和发展，教学模式也会不断得以修正和完善。因此，教师在应用某一种教学模式时不能机械地套用，而要灵活地创造性地应用，体现出自身独特的教学风格，并使它发挥更高的积极效能。

（二）教学模式的价值取向

教学模式的价值取向充分体现在教学模式特点之中。一旦教学模式的特点能得以充分发挥，那么教学模式的价值观就能得以充分体现，教学效率也就能得以提升。这里仅试举整体性价值取向和简约直观性价值取向为例。

1. 整体性价值取向

教学模式的整体性结构能使教学理论、目标、原则、内容、程序、策略、方法、手段等各种因素组合成相互联系、相互作用的整合体，能充分发挥教学模式的整体功能。这既有利于冲击原有的孤立、单一因素的范畴框架，又有助于突破孤立、单一因素的束缚。孤立、单一因素势单力薄，难成气候，难以改善教学的局限性。部分传统的教学理论脱离了课堂教学的实际，脱离了学生社会生活的实际，变成了高深莫测、摸不着边际的抽象理论，极难用以构建模式和指导实践。教学模式中的理论是从教学实践中提炼出来的理论。它能直接指导着教学目标的制定，教学程序、阶段、步骤的优化排列组合，教学策略、方法、手段的优选协调，从而充分发挥教学模式内在各因素间整体、互动的能动作用。这种理论联系实际、指导实际、获取反馈升华的教学模式，既能突破原有的理论体系和教学结构，又能重新审视、探索、创建能积极有效地解决教学实际问题和提高教学效益的理论体系和优化的教学结构。而且，缺乏科学的理论导向的孤立、单一的教学方法，不足以影响教学改革的方向和促进教学改革的成效，只有发挥教学模式的整体效应，才能更好地促进教学改革在健康道路上获得新的、积极有效的加速发展。

2. 简约直观性价值取向

教学模式的简略性和直观性能使一种教学理论直接联系和指导教学实践，发挥其中介联系作用。采用简单明了的语言、符号或图式，直观具体、生动形象，这样一目了然的教学模式，使人容易理解、把握和操作，能快捷、积极、有效促进和提升教学效率。

第二节 教学模式的历史回顾

传统的教学论阐述的主要内容是教学理论、教学目的、目标、内容、原则、过程、方法、组织形式、手段和评价体系。教学的目的和目标是通过教学方法、组织形式、教学手段实现的。不少教师在采用具体的教学方法、手段和实施教学组织形式过程中，常常割裂了与教学理论的联系，教学实践脱离了理论的指导，不仅随意地选用单一、机械的教学方法，而且也随意安排教学组织形式，呈现出呆板、千篇一律的教学过程，其教学质量不高是必然的结局。为能使教学理论联系教学实践，整合教学理论与教学实践，进而组成一个有机的教学整体，以便更有效地完成教学目标，教学模式的研究应运而生。

一、夸美纽斯的教学模式

（一）教学理论

17世纪捷克教育家夸美纽斯（Comenius，J.A.）受英国哲学家培根的唯物主义经验论的影响，认为宇宙万物与人的活动间存在一种“秩序”的协调和谐发展的普遍发展规律，教育也应适应自然、普遍的秩序或原则，遵循自然、普遍的秩序或发展规律。据此，夸美纽斯提出教育自然秩序的主导原则。他认为，学校教育存在的弊端是教育不符合事物发展的自然秩序，他在《大教学论》一书中惊呼“以致学校变成了儿童恐惧的场所，变成了他们才智的屠宰场”。

夸美纽斯站在唯物主义感觉论的立场上提倡感觉是认识的起点和源泉，通过感官反映外部世界的感觉经验成为其教育理论的重要理论基础，并在此基础上提出直观性教学原则，并把学校文字教学引向社会生活，从而认识社会生活和认识广阔的周围世界。

（二）教学目标

夸美纽斯主张教育对象要普及化，要把一切知识教给一切人，从而提出教育目标要学习和运用百科全书式的自然科学知识、社会及历史知识，并用拉丁语、希腊语、希伯来语表达知与行。

（三）教学模式

夸美纽斯以自然秩序为导向，主张教育方法要心理化。他首次系统总结了教学原则，诸如延长生命原则、确切性原则、便易性原则、彻底性原则、简明性和迅速性原则等。他还提出各学科的教学方法。夸美纽斯运用这些原则和教学方法对教学秩序进行了深入的研究，并通过以感觉认识世界的感觉论为理论基础，提出了教知识的教学模式："从感官的感知开始，然后才由联想的媒介进入记忆领域，随后才由具体事物的探讨产生普遍的理解，最后才有对已领会事实的判断。"

1.感知

夸美纽斯主张来自感官的感觉是认识的起点和源泉。学生学习知识起源于通过感官感知反映外部客观世界的感觉经验。知识的获得不仅起始于感官的感知，而且知识也只有通过感官的感知才能成为正确、真实和可靠的知识。真实、可靠的知识来源于学生的个人观察和直观感知。

2.记忆

学习知识不仅靠感知，想掌握知识还要凭记忆，而知识的记忆是以联想作为媒介保证其实现的。知识的记忆也要凭新旧知识的联系，由已知到未知才能提高记忆效率。复习和练习不仅是让新旧知识联系和达成长时记忆的重要方法，而且也是激励学生积极主动地学习的重要手段。

3.理解

理解是记忆和巩固知识的重要方法和手段。通过感官感知的知识不能立刻巩固和记忆，只有理解了的内容才能更好地巩固和记忆。夸美纽斯形象地比喻理解就像钉子那样能把知识牢牢地钉在脑子里。为了帮助学生感知理解知识，教学应由已知到未知、由易到难、由近及远、由简到繁、由具体到抽象。这样学生就能比较容易感知、记忆和理解知识。

4.判断

判断是四步教学程序中的最后一步。学生学习是通过辨别正误、区别差异、判断结果，从而获得正确的知识的。学生只有在对具体事物的探讨和普遍理解的基础上，最后才能达到对领悟、理解的事实作出判断。

（四） 教学原则

夸美纽斯在《大教学论》中谈及多种教学方法，并以自然秩序原则加以论证，主要可归结为以下几种：

1.直观性原则

经院式教育中知识的教学原则、策略方法依靠的是文字，而抽象的文字教学对于学生来说，却不易理解接受和记忆。因此，知识教学需从感官的感知开始，并要通过直接观察、实践、图片模型或其他直观教学才易于学生感知知识、理解知识和巩固知识。夸美纽斯的《大教学论》主张，"如果我们要向学生传播真实、可靠的知识，我们一般就应当通过学生的个人观察和直观感觉来讲授一切"。夸美纽斯提倡，“在可能的范围内，一切事物都应该尽量地放在感官跟前。一切看得见的东西都应该放到视觉器官的眼前。一切听得见的东西都应该放到听觉器官的面前。……假如有一件东西能够同时在几个感官上面留下印象，它便应当用几种感官去接触”。

2.有序性原则

经院式教育中知识教学零碎、杂乱，不符合事物发展规律的秩序，知识之间缺乏有机联系，给学生学习知识造成极大的困难。夸美纽斯认为，知识教学要遵循自然秩序，循序渐进，先学的知识要为后学的知识扫清道路。凭此，教学要由已知到未知、由易到难、由近及远、由简到繁、由具体到抽象，这就便于学生感知、记忆、理解和运用。

3.巩固性原则

知识教学不仅要让学生感知知识，而且还要牢牢记住知识，理解、巩固知识和运用知识。理解是记忆巩固的重要方法之一。感知的知识不能立刻牢牢记住，只有理解了的知识才能记住和巩固。因为理解就像钉子那样能把知识牢牢地钉在脑子里。除理解知识外，练习和复习也是记忆巩固知识的有效方法。

4.主动性原则

教学知识要调动学生学习的主动性，为此，教学需激发学生的求知欲，从而促进学生自觉自愿地学习。夸美纽斯主张运用表扬、奖励和适当的批评来激发学生学习的动机和求知的欲望，反对使用强制、压迫灌注的方法。知识教学需符合学生的年龄特征，要在理解知识的基础上记忆，反对强迫学生死记硬背知识，从而提高学生学习的主动性。

二、赫尔巴特的教学模式

（一）教学理论

德国心理学家、教育家赫尔巴特（Herbart，J.F.）的教育思想是以哲学和心理学为其理论基础的。在康德等哲学家影响下形成的实在论，是他教育思想的哲学基础。在实在论哲学基础上建立起来的观念心理学，即是他的教育思想的心理学基础。实在论宇宙观的哲学思想认为，事件是由无数绝对和永恒不变的实在微粒复合而成的；人的心灵也是一种绝对和永恒不变的实在。这种心灵的实在是一种精神实体，具有一种凭感觉认识周围世界和形成观念的能力。

观念心理学认为，人的心理活动最基本的和最简单的要素是观察，人们认识活动的目标就是获得观念。新观念是在原有观念的基础上形成的统觉过程，因而观念心理学也称统觉心理学。统觉心理学认为，统觉是儿童在原有经验基础上形成新观念的心理活动过程。儿童从小就在心灵中对自然和社会逐渐形成各种观念，并在不断积累丰富经验的基础上形成更多新观念和新观念团。观念心理学把人的全部心理认识活动，即精神世界的活动，归因于观察，因而观念心理学又可称作主智主义心理学。

伦理学也是赫尔巴特教育思想重要理论基础之一。伦理学规定教育目的，心理学则是实现教育目的的途径、方法和手段。既然伦理学理论规定教育目的，那么伦理学的理论必然把道德教育作为教育的首要目的。

（二）教学目标

赫尔巴特的教育思想，把培养真正善良的人、具有完善和正义观念的人放在教学目标的首位。他把教学目标分成选择的和道德的两种。选择的目标是指培养学生将来可能选择从事某种职业的能力和兴趣，但真正的教学目标却是培养具有完善道德品质的人。

赫尔巴特在伦理学的基础上提出，人的道德品质教育要求人们形成一种道德观念：内心自由、完善、善良、正义和公平。人们能用这种永恒不变的道德观念调节自己和他人之间的关系，他们就能成为一个完善的人，并能促进社会改革和推动社会发展。

赫尔巴特以兴趣为目标。他的兴趣思想认为，兴趣的多面性是教学的基础。兴趣可分两类。一类是自然的或知识的兴趣，它又分成经验的、思辨的和审美的三种兴趣；另一类是历史的或同情的兴趣，它又可分成同情的、社会的和宗教的三种兴趣。因而，中学教学要根据兴趣的多面性的思想广泛设置各种学科。例如，根据意愿与一定范围人接触的同情兴趣就应设外国语（古典语和现代语）。他还提出，兴趣的培养过程可分成注意、期待、探求和行动四个阶段。

（三）教学模式

与夸美钮斯自然秩序的教学观点不同，Herbart主张在原有的观念基础上理解、掌握新观念，认为教学就是要唤起和调动原有的观念去吸收和同化新观念，并根据激励兴趣的四个阶段——注意、期待、探求和行动的规律。

1.明了

明了也称清楚。为了能使学生清楚、明了地感知新的知识内容，教学语言要生动、活泼、具体、形象、简明扼要、清晰明了。教师还应注重采用善于启发提示的讲解和直观教学等叙述教学法，从而把学生的注意力集中到新知识内容上，使学生兴趣盎然地接受和学习新知识。Herbart的教学模式还提出，学生掌握知识必须经过钻研（接受与学习新材料）和理解（深入思考新材料）两个环节。

2.联想

联想是指在调动原有观念与获得的新观念之间建立联系，从而组合成高水平的新观念。当新旧观念进行联想、组合时，教学就能形成一种期待获得高一级水平的新观念的兴趣。教师采用自由谈论和分析法指导学生对零乱、繁杂的观念进行辨析、分类、纠正，能促进新旧观念的联结，从而使新观念的组织结构变得更加序列化、条理化，促使学生有效地实现理解和掌握新观念的目的。

3.系统

系统是指新旧观念建立联系，形成全面完整的系统观念。学生在教师的指导下采用综合法，把握知识之间内在系统的联系，概括成系统的综合整体，以形成普遍性的概念、结论和定义。

4.方法

方法是指通过练习和作业，在实际生活中独立地运用新知识。教学要根据学生观念的动态活动方式和兴趣指向的行为意向，把系统理解和掌握的新知识通过练习、作业操练和实际应用来解决教学实践中遇到的问题。

四阶段教学法后来被Herbart的学生席勒·莱茵改造和发展成五阶段教学法，即分析—综合—联合—系统—方法，或预备（提出问题，说明目的）—提高（提高新课程，讲解新材料）—联结（比较）—总结—应用五个阶段。这实际上是把原来的第一阶段明了分成分析—综合或预备—提高两个阶段，形成根据心理发展规律而确定的著名的五阶段教学法。

（四）教学原则

1.道德性格训练原则

教学中的道德性格训练法，主要通过有效地约束、限制、抑制、制裁、训斥、劝告和警告等手段，防止学生热情冲动、情绪爆发，旨在培养其服从情感和磨炼调控意志。

2.激励兴趣原则

兴趣的多面性是教学的基础。任何兴趣的发展都经历四个阶段：注意、期待、探求和行动，并根据兴趣发展的四个阶段形成四阶段教学法。教学要求在整个四阶段（后发展为五个阶段）过程中要充分激励学生的多方面的兴趣，以提高理解和掌握知识的质量。

3.吸引注意力原则

注意是使已有观念不断增多的动力。注意分为有意注意和无意注意两种。有意注意是指向预定目标的注意。学生为达到预定目标而加强注意的力度。无意注意又分两种：原始注意和统觉注意。注意对象的鲜明性和力度的强弱规定着原始注意的强度。新旧观念的联结程度规定着统觉注意的强度。依据注意发展的规律，教学应强化、维持和激励学生注意力以提高教学效率。

三、杜威的教学模式

（一）教学理论

美国哲学家、心理学家、教育家杜威（Dewey，J.）受皮尔斯和詹姆士的哲学和心理学理论的影响，创立了实用主义教育思想。

Dewey提倡经验论的哲学观，主张“教育即经验改造”。经验是指人的有机体与环境相互作用的结果，是两者的统一结合体；人们主动尝试的行为与环境反作用之间相互联结的结果，就是经验。经验是主体和环境相互联系、相互作用、合二为一的结果。Dewey认为，客观世界的存在都是被经验到的东西，存在就是被经验；人们主观经验是客观世界存在的前提。没有认识的主体存在，也就没有客观世界的存在；没有认识主体的兴趣和愿望构建的主观经验，也就不存在客观世界。因此，Dewey主张教育就是经验的改造或改组，一切学习都来源于经验，学生的实际经验是教育的出发点和归宿。

Dewey的生物本能论的心理学观点来源于詹姆士生物本能的理论，他认为儿童心理活动过程是其本能的发展过程。因此，他提出“教育即生长”的教育观。在Dewey看来，人的能力、兴趣、需要和习惯的生长发展，都是建立在人的本能生长、发展的基础之上，并随人的本能生长、发展而生长、发展。因此，教育教学应按照人的生长和发展的过程、阶段来提供资源和进行教育教学活动，教育教学的目的就是促进人的生长。

Dewey在经验论的理论基础上也提出了“教育即生活”。教育即生活，实际上是指教育是生活经验的不断改造或改组，这个观点是与“教育即生长”的观点紧密联系的。因为，在Dewey看来，生长就是生活的特征。由此可见，“教育即经验改造”“教育即生长”和“教育即生活”仅仅是同一个概念的三种不同说法。

Dewey主张“学校即社会”。学校即社会，是指学校是一个小规模的合作化的社会，学校是一个现实社会生活简化了的雏形社会。学生在体现现实社会生活的学校里学习、生活就能塑造他们的社会精神。

Dewey的教学理论还主张以“儿童为中心”和“从做中学”。“从做中学”是指儿童要亲自在做的过程中学，这实际上是与“从经验中学”“从活动中学”是同一层意思，即学生应该从自身经验和自身活动中学习直接经验，积累和发展直接经验。

（二）教学目标

Dewey最基本的教育思想是要改变百科全书式的知识教育教学思想，主张“教育即生活”“教育即社会”“从做中学”。根据这一教育思想，教育目标是要求学生在学校创设的社会生活的情境中通过亲身做和参加各种活动获得、积累和发展直接经验，为学生将来的社会生活打好基础。

要使学生能有效地从社会、生活、经验和“做”中学习，学校应激励学生的思维活动及培养学生的思维习惯和创造性思维能力。Dewey明确指出，学习就是学习思维，思维活动和思维能力能将学生经验到的模糊、疑难、矛盾和紊乱的情境转化成清晰、连贯、确定与和谐的情境。

（三）教学模式

思维活动和思维能力能把经验到的疑难情境改造成明确的情境，思维具有极强的能动性。Dewey根据思维活动的特点提出人类思维过程的五个阶段或步骤，即后人常说的思维五步法。

情境：设置疑难情境；

问题：确定疑难情境的所在，并从疑难情境中提出问题；

假设：提出解决疑难问题的各种假设；

推理：对假设进行推理活动，推断哪种假设能解决问题；

验证：通过实验，对假设能解决的问题进行验证并修改假设。

经验论认为，思维就是方法，方法就是在思维过程中明智的经验。教学方法的要素与思维的要素是相同的。由此Dewey把思维五步法转化为如下所示的教学过程五个步骤：

情境—问题—假设—推理—验证。

1. 情境

教师要给学生设置一个与实际经验相联系、真实、经验的疑难情境，再给予一定的暗示，然后再让学生组织一个对活动本身感兴趣的连续活动。教师提供疑难情境、暗示和兴趣活动的目的，是使学生通过暗示和连续活动，有兴趣去了解疑难情境中产生的问题和获得有关的直接经验，这是思维活动的启动。教师要依据学生本能发展的需要和原有的经验水平提供真实、经验的疑难情境、暗示和活动。

2. 问题

将在这个疑难情境内部产生的需要被解决的真实问题作为思维的刺激物，以促进学生的思维活动。这时，教师应给予学生足够的资料去处理真实情境中产生的真实问题，而这些资料主要是学生已有的经验、活动或事实。

3. 假设

学生首先要掌握足量的资料和进行必要的观察活动去收集资料，并在激活原有经验的基础上，从资料的应用中，产生对疑难情境问题的思考，并提出各种解决问题的假设。

4. 推理

学生对假设的解决问题进行思维活动，想出解决问题的具体方法，并对各种方法进行排列组合、有序整理和负责一步一步有顺序地展开和推理。

5. 验证

学生通过在真实情境中的应用和亲自动手去做，去验证其提出的假设和方法，并找出这些假设和方法的真实性、有效性和价值取向。

（四）教学原则

1. 以学生为中心原则

以学生为中心强调学生学习过程的重要性。学生的发展是教育教学的出发点和归宿，教学过程的安排须遵循学生本能发展和原有的经验水平。Dewey认为，学习就是学习思维，教育是经验的改造，教育就是要发展学生的思维和积累丰富实践的经验。教育教学要激励学生在疑难情境中主动发现问题、假设问题，积极收集资料，假设解决问题，并通过亲身实践运用，亲自动手做，去验证问题的有效性和价值取向，而教师在教学过程中起指导、帮助和激励作用。

2. 从做中学原则

Dewey反对百科全书式的知识灌输教学，提倡学生从做中学，学生通过亲自动手做的过程获取在真实情境中的直接经验。

3. 从活动中学原则

Dewey反对抽象地讲解知识，提倡通过组织活动，让学生从活动中学，在活动中获得解决问题的方法。

4. 以兴趣为中心原则

Dewey认为，教学活动的安排要以学生的学习需要和兴趣作为出发点。教师在设置疑难情境阶段需考虑学生能有兴趣地去了解问题，进而激励学生有兴趣地去发现问题，假设、分析、处理问题，解决问题和验明问题的有效性。

四、凯洛夫的教学模式

苏联教育学家凯洛夫的《教育学》在20世纪50年代是我国主要的教育学教材，尤其是他的五个环节教学更是各学科遵循的课堂知识教学的模式。

（一）教学理论

凯洛夫提倡的教育学的哲学思想是马克思列宁主义的辩证唯物主义认识论。唯物辩证法认为，客观世界本质上是物质的，物质是世界的本原，世界是离开人的意识而独立存在的客观实在。物质是第一性的，意识是第二性的，物质决定意识，意识是物质的反映，又能动地反作用于物质。认识是客观世界在人的主观意识里的反映。在认识是如何反映客观世界过程的问题上，列宁提出人的认识是从生动的直观到抽象的思维，并从抽象的思维再到实践。这是认识真理认识客观实在的辩证途径。凯洛夫以辩证唯物主义认识论为基础提出教学过程的三个基本阶段：直观—思维—实践，并根据这三个基本阶段设置一套五步教学模式。

（二）教学目标

凯洛夫的《教育学》提出以知识、技能和熟练技巧来武装学生，建立他们的共产主义世界观和有计划地发展他们的智力和道德，这可以简约地概括为教学和教养两个目标。

1. 教学目标

教学目标是以知识、技能、熟巧的体系武装学生，并以掌握知识为主。

2. 教养目标

①形成共产主义世界观、思想政治观点和道德观念、情感体验等。

②发展智力、认识能力和才能，即注意力、观察力、想象力和思维能力。

在凯洛夫看来，首要目标是教学目标，要以知识、技能、熟巧的体系武装学生，并以掌握知识为主。其次是教养目标，在以知识、技能、熟巧体系武装学生的基础上有意识地、有计划地形成马克思列宁主义的世界观、思想政治观点和道德观念，以及发展学生的智力、认识能力和才能。

（三）教学模式

凯洛夫《教育学》设置的课堂教学五环节模式如下：

1. 组织教学

学生在上课预备铃响两分钟前回到教室里自己的座位上，做好上课的心理方面和物质方面的充分准备。教师在师生问好后可集中注意力准备上课。

2. 复习旧课

教师通过订正家庭作业中的错误和各种练习形式来检查和复习已学知识内容，特别是前一、二节课学习的知识。复习时，注意采用联旧引新的方法，使新旧知识加强联系，以便学生在掌握旧知识的基础上领会理解新知识。

3. 讲解新课

教师采用各种方法和手段讲解知识，特别是一些重点和难点的知识，使学生清晰、明确地领会和理解新知识。

4. 巩固新课

教师采用多样化的练习形式检查新学的知识内容，并进行反复操练、运用和总结知识的内在规则，以达到巩固新知识的目的。

5. 布置家庭作业

教师根据课堂上新学内容的重点难点知识布置家庭练习作业，让学生进一步对所学新知识进行操练和运用以达到牢固掌握知识的目的。

以上五个环节相互联系，循环往复，互为提高，共同组成一个完整的课堂教学结构体系。它对改进我国20世纪50年代各学科课堂教学的随意性、盲目性无疑起到了促进和提高课堂教学质量的作用，它使课堂教学过程能有模式、程序和步骤可循。但是它又有以下几方面问题：第一，由于机械操作，五个环节会影响课堂教学质量更好地提高；第二，五个环节仅仅是针对知识教学设计的；第三，教学目标的规定也显得过于狭窄和片面。

（四）教学原则

1. 以教师为中心原则

凯洛夫主张教学应以教师为中心，教师是教学过程中的决定性因素。他认为，“教师本身是决定教学和教育效果的最重要、有决定作用的因素”。也就是说，教师起决定教学目标、内容、方法、教学组织和实施的中心角色的作用。学生所扮演的角色仅仅是认真注意地听教师讲、服从教师和完成教师的指令和要求。教师是教学的权威，他的教学要求具有法律的性质。

2. 以课堂教学为中心原则

凯洛夫主张以课堂教学为中心，上课是教学工作的基本形式。因为，教学工作主要是在课堂上实现的，课堂成了教师教学的重中之重。由此，他设计了一套以教师讲解新知识为主要目的的课堂教学结构。

3. 以书本为中心原则

凯洛夫主张以书本为中心。教学的主要任务是教师给学生讲授书本知识，书本中的系统知识是学生知识的主要来源。《教学大纲》则成了国家法律性的文件，必须参照执行。

五、加涅的教学模式

（一）教学理论

美国教育心理学家加涅（Gagne）提倡学习层级说，他根据学习过程的心理机能提出了八种学习类型，即八个层级模式。

1. 信号学习

信号学习（signal learning）类似于巴甫洛夫的条件反射说。学习是对某一刺激作为信号引起特定反应，如狗听见铃声信号作出流唾液的条件反射。

2. 刺激—反应学习

刺激—反应学习（S-R learning）较之信号学习更加复杂，是更高层次的学习。这是由被动的条件反射信号学习转化成较为主动的刺激—反应学习。学习是刺激与反应的自觉联结。

3. 连锁学习

连锁学习（chaining learning）是指行为是由一系列小单位动作或操作的刺激—反应的联结或连锁。例如，英语学习是由运用语音、词汇和语法组成句子、话语表达思想的语言连锁化（verbal learning）活动。

4. 语言联想学习

语言联想学习（verbal association learning）是指语言材料与语言材料之间建立语言联想。如，已学的语言材料与新学的语言材料之间建立语言联想，或学习的外语词与外来语中的词建立联想等。

5. 辨别学习

辨别学习（discrimination learning）是指在学习情境中存在多种不同的刺激，辨别学习是要从学习情境中的多样刺激中辨别出其异同，如辨别 bag—bat—big 的不同语音音素的异同点。

6. 概念学习

概念学习（concept learning）是对学习情境中呈现的多种不同的刺激作学习的同一反应联结。对学习情境中呈现的多样、不同的事物进行分类，归纳出事物共同特征的反应。

7. 原理学习

原理学习（principle learning）是指由两个以上的概念联结或连锁构成原理的学习。

8. 解决问题学习

解决问题学习（problem solving learning）是指学会用一个或几个原理解决在实际情境中遇到的各种问题。例如，在新情境中灵活运用所学语音、词汇、语法等语言规则进行交际、表情达意的活动。这是学习思维活动的最积极表现，是最高的智力活动。

（二）教学目标

加涅按照学习结果把学习目标分成五个方面：言语信息、智力技能、认知策略、动作技能和态度。五种不同学习目标各有其不同的外部和内部学习条件来促进有效的学习。内部学习条件又可分为基本先决条件和支持性条件。

（三）教学模式

加涅根据现代认知和心理学信息加工处理的理论假设，把学习过程分成八个阶段的教学模式：

1. 动机阶段

动机阶段为学习指明方向。预期是学生要求达到目标的期望，而动机是由预期目标引起的，有了明确的方向，才能达到预期的目标。

2. 了解阶段

了解与学习言语信息目标有关，了解阶段也是注意和选择性知觉阶段。注意是刺激灵活性的结果，并对学习过程起控制和加工作用。选择性知觉则是把注意的言语信息特征从言语中区分出来进行知觉编码进入感觉记忆中。由于受空间目标和注意定势作用的影响，知觉具有选择性。

3. 获得阶段

获得是指言语信息进入短时记忆之中，而逗留在短时记忆中的言语信息，经编码起转化作用，使言语信息变得更容易记忆。

4. 保持阶段

来自短时记忆中的言语信息再经编码，按形象或用其他形式转入长时记忆贮存库，以保持长久性的记忆。

5. 回忆阶段

回忆阶段是指已经学习的言语信息获得恢复。言语信息的恢复主要是通过寻找知识的检索过程实现的，因此能为检索言语信息提供线索就有利于提高回忆的效率。

6. 概括阶段

概括阶段是指学习的迁移，学习获得的言语信息能起正迁移作用。正迁移是指把已习得的信息运用迁移于各种新的言语信息情境中，使已习得的言语信息能以新的方式重新组合。

7. 作业阶段

作业阶段是指对学习获得的言语信息进行重组练习，以达到进一步巩固和运用言语信息的目的。

8. 反馈阶段

学生完成新的作业以后，就能明确知道预期目标是否达到，这就是信息的反馈。师生根据信息反馈的结果可以按实际情况灵活调整教学。

加涅将每个学习阶段中发生的事称为教学事件（teaching events），并提出相应的八个教学事件：

（1）激发动机

组织学习内容和使用策略方法要考虑能吸引学生的注意力，激励学生的学习兴趣和激发学生的学习动机。

（2）告知目的

告知学生教学目的能给学生指明努力方向和学习的具体目标，学生就能形成学习的心理定势和对预期达到具体目标的期望。

（3）引起注意

教学要吸引学生把注意力集中在所学的主要信息上，并用各种直观手段、现代技术、动作表情等引起学生的注意。

（4）回忆信息

回忆信息是指复习回忆已学信息，以便在原有信息的基础上去学习、理解和掌握新的信息。

（5）指导学习

指导学习是指指导学生对学习信息进行编码，使学习变为有意义的学习。

（6）强化保持

强化保持是指对已学习的信息加强复习、练习，使所学信息能长期保持、贮存于大脑记忆中。

（7）促进迁移

促进迁移是指学生能将所学习的信息迁移到新信息的情境中运用。

（8）作业、反馈

学生通过完成作业获取反馈信息，以便调整学习进程和学习策略、方法。

（四）教学策略

1. 教学设计策略

教学设计策略是指对教学整体过程进行系统、合理和有序的设计，其中包括确定教学目标、分析学习任务、选择教学内容、拟定学习业绩目标与过程、确定起点行为与特征、编制测验项目、制定学习策略、设计和实施形成性评价和总结性评价。

2. 学习策略

学习策略包括选择性注意策略、编码策略，以及知道何时、何地、何场景使用何种学习策略。

3. 指导策略

教师指导策略包括清晰告知学习目标，运用材料清晰地阐明课文的意义，激发学生学习兴趣，提问获取反馈，联旧引新，指导课堂教学和家庭作业等。

4. 管理策略

教师的管理策略包括坚持课堂教学的常规管理，检查和自我检查作业的完成状况等。

第二章 英语教学模式

第一节 外语教育模式

一、语言教育模式

（一）语言教育模式

1. 斯布尔斯基的教育语言学模式

斯布尔斯基（Spolsky，B.）提出了教育语言学模式（educational linguistics model）。

语言教育（第二语言教育）有三个主要源泉：语言描写、语言学习论和语用论。语言学习理论来源于语言理论和学习理论。语言描写基于语言理论。

语言理论和语言描写指普通语言学。学习理论指心理学。语言学习理论指心理语言学。语用论是社会的语言运用理论，是指社会语言学。心理学、心理语言学、社会语言学和普通语言学四门学科一起和第二语言教育与教育语言学相联系。

2. 斯曲雷文斯的语言学习和语言教学过程的理论模式

斯曲雷文斯（Strevens，P.D.）发展了语言学习和语言教学过程的理论模式。这个理论模式与过去的理论模式有些不同。它不像Campbell，Spolsky或Ingram只注意从语言科学流向语言教学的思路。它与Mackey的模式的相同点是包括了政策和政府机关。与Ingram和Mackey一样，斯曲雷文斯也注意教学过程。

这个模式包含十二个因素：语言教学的实施（language teaching operation），教学意图（teaching intention）和学习成果（learning outcome）。最初的三个因素是：社会意愿（社会对语言教学的要求），财政和行政机关须贯彻执行这些决议，专业训练构成语言教学的智力资源。

这个模式的语言教学意图是由多种具体因素决定的。语言学习和语言教学的类型应根据学生（儿童、青年、成人）的年龄、目的（一般教学或特殊教学）和学习者的参与（自愿或强迫）等而不同。因素5～9与Mackey的MTI类似；因素10影响学习成效，诸如语言学习时间、教学质量和一些嘈杂、拥挤等实践条件的不同；因素11集中在学生的能力、个性等特征上；因素12是学习效果的评价，获取教学过程的反馈，有利于教学。

3. 斯顿的第二语言教学理论一般模式

斯顿（Stern，H.H.）在《语言教学的基本概念》一书中提供了一个第二语言教学理论一般模式（a general model for second language teaching theory）。这个理论模式分三个水平：水平1、水平2、水平3。水平1是基础，它包括语言教学史、语言学、社会学、社会心理学、人类学、心理学、心理语言学和教育理论。水平2是中间水平，它包括学习、语言、教学和语境四个问题。水平3是实践，它包括教学法和组织两个方面。

4. 蒂东尼的语言动态模式

蒂东尼（Titone，R.）的语言动态模式与斯顿的从深层水平到表层水平的教育模式有类似之处。表层结构是指交际中言语符号的实际使用。深层结构由以下三个层次组成。

（1）战术

战术（tactics）是指学生通过经验性学习而获取编码和译码的能力。这个过程中的各种言语训练是形成言语习惯的过程。这是交际行为（the act of communication）阶段。

（2）策略

策略（strategy）既是形成规则发展语言认知能力，也是选择、使用和自我调节话语的交际阶段。这是交际能力（the ability to communicate）阶段。

（3）个人动力

个人动力（ego-dynamics）是以个人动机等来协调战术和策略的阶段，也叫交际意愿（the will to communicate）阶段。

蒂东尼的语言动态模式是力图吸收其他模式之长的一种综合模式。

5. 布朗的教学和课程活动的交叉点模式

布朗（Brown，J.D.）的教学和课程活动的交叉点模式重点阐明教学活动和课程活动两者之间既有联系性，又有独立性的关系。

（1）教学活动包含四个方面

①路子（approaches）：学生需要学什么和如何学；

②大纲（syllabuses）：组织课程（courses）和教材（materials）；

③技巧（techniques）：传授教材和教学；

④练习（exercises）：操练所学的内容。

（2）课程活动

①需要分析（needs analysis）是指系统收集、分析有关语言学习的情境和教学内容的需求等；

②目标（objectives）是指学生必须掌握的内容和技能；

③测评（testing）是指检验评价需要和目标是否符合要求；

④教材（materials）是指根据需要、目标和测评来选择、组织教材；

⑤教学（teaching）是指根据需要、目标、测评和教材组织教学；

⑥评估（evaluation）是指组织对需要、目标、测评、教材和教学再评估。

（二）外语教育学的理论模式

英语作为外语教育学的理论模式也属于这一类。

1. 外语教育学三层次模式

外语教育学可分成三个层次：第一层次是以宏观的相关学科的理论作为基础；第二层次是以中观的外语教育学理论与应用作为体系；第三层次是以微观的外语课堂教学和外语教学实践作为理论的源泉。

外语课堂教学和教学实践是外语教育学的源泉。实践经验总结升华到理论就成了外语教育学的规律。相关学科的理论成果是外语教育学的理论基础。它们指导着外语教育学的理论和应用的研究。外语教学理论、相关学科和外语课堂教学和实践三者辩证统一，相互促进、发展、提高。

外语教育学的理论模式的核心是中观的外语教育学的理论与应用研究。它包含了辩证统一的七个重要的因素：课程论、学习论、教学论、评价理论、科研理论、情意和情境认知论。从另一个视角看，它包含课程设计者、学生、教师、评估人员四个因素。

（1）课程论

课程论主要论述课程的设置和安排，探讨教学目标和内容的选择、编写，主要解决为什么教、教什么和为什么学、学什么的问题。而课程的设计和教材内容的编写又主要取决于课程设计者对语言本质的理解，以及采用怎样的语言观。这主要从有关语言学理论即语言学史、社会语言学、心理语言学以及有关心理学理论中获取理论依据。

（2）学习论

学习论主要论述学生在教师指导下学习和掌握外语知识、技能、能力，发展智力、自学能力，拓展文化视野和激励情意的过程。它主要解决学生怎么学的问题。这就取决于具有怎样的学生观。怎样看待学生在学习中的地位、态度和怎样认识外语学习和学习过程的特点。这可求助于有关心理学理论：学习心理学、心理语言学、心理学史、教育心理学、外语教育心理学和哲学、哲学史以及外语教育史等。

（3）教学论

教学论主要阐述教学活动的一般规律，阐明教学目标任务、内容、原则、方法和课堂组织形式等，主要解决教师怎么教的问题。这就取决于具有怎样的教师观，怎样看待教师在教学中的地位和功能。这些问题可从有关教育学、教育史、教育心理学和教育社会学等理论方面获得解决。

（4）情意论

情意论主要是指激励学生的动机和兴趣，营造一个轻松愉快的课堂教学氛围等。

（5）情境论

情境论主要阐述所学外语的社会语言情境，它在教育体系中的重要性及其教学的背景。这可从哲学、心理学、社会语言学、教育理论和外语教育史等学科中寻找理论根据。

（6）评价理论

评价理论主要阐述根据教学目标与学生在教学过程中的行为变化进行比较，并利用作业测量判断教学质量的高低，获取反馈信息，为调整教学过程和教学决策提供依据。它主要解决怎么制定评价目标、怎样进行评价，这需要求助于语言观和教育测量等的理论。

（7）科研理论

科研理论主要阐述验证、调查、文献研究和经验总结等教学研究方法。它主要解决如何验证假设，揭示教学的成功或失败的原因。它求助于教育统计、心理实验和科学研究理论等。

2. 外语教育学四层次模式

通过二十年来的外语教育教学实验和教学调查，我们在原有的外语教育学三层次模式的基础上提出外语教育学四层次模式，即增加了第二层次：外语模式层次。

外语教育模式是处于外语教学实践层次与外语教育学、应用学科理论层次和相关学科理论层次之间的中间层次，起三者的中间桥梁作用。外语教学模式发挥承上启下的中介作用，既能从外语教学实践中提炼规律和模式，又能充分应用相关学科科学研究成果来丰富和发展自己，构建和完善自身的理论与实践紧密结合的体系。

构建我国的外语教育模式可分成四个层次：

第一层次：外语教学实践论层次；

第二层次：外语教学模式论层次；

第三层次：外语教育学、应用性学科理论层次；

第四层次：相关学科理论层次。

二、外语教学模式

（一）我国外语教学模式

我国外语教学模式很多，这里仅举两例：

1. 根据布鲁姆（Bloom）分类的教学模式设计外语教学模式

目前，国内有些学者根据布鲁姆的六个目标分类：知识、理解、应用、分析、综合、评价，也把掌握一门外语的目标分成六类或六个阶段。这种过细的分类使外语教学工作者难以区别各类目标之间的细微差别，难以把握各类目标的具体标准。过分细分反而不易用来衡量学生达到或掌握一门外语的水平。

2. 根据我国理论和实践经验设计的外语教学模式

根据我国外语教学的理论和实践经验，掌握一门外语需要经过懂、会、熟三个阶段或三种程度。因此，掌握外语的目标可以分成三类或三个层次（三种程度或三个阶段）：一是了解，指在特定情境中理解、识记语音、词汇、语法知识和进行机械性句型操练；二是操练，指在具体情境中进行有意义的听、说、读、写操练，以便巩固所学知识，形成外语言语技能；三是运用，指在真实或创设的情境中运用所学的语言知识进行听、说、读、写的交际活动。了解还可以分成注意、感知和理解三个阶段。因此，懂、会、熟的过程也可以分成注意、感知、理解、操练和交际五个阶段。

（二）国外主要外语教学法流派的教学模式

国外外语教学法各种流派都有自己的思想、理论基础、教学目标、教学内容和教学原则以及教学过程的基本阶段。

各流派教学模式的基本阶段都有其自身的特点，但也都有其共同点。归纳它们共同点大致可以分成呈现、理解、巩固和运用四个基本程序或感知、理解、巩固和运用四个基本步骤。

1. 呈现

呈现是指教师呈现新的语言知识或语言材料，学生通过视觉或听觉感官感知语言材料，这是外语教学过程的第一步骤。外语教学程序是从教师呈现语言知识或语言材料和学生通过各种感官视听或视觉听读感知外语开始的。眼看其物、图片、幻灯片，耳听外语感知和观察外语的特点，即同一个话语、句子、词或音作用于视觉、听觉、动觉等各种感官，从而进入学生大脑，获取外语信息。

呈现和感知语言知识或语言材料只是认识外语的外部特征，但它也是理解和掌握外语的基础。学生只有在感知语言知识或语言材料基础上，经过大脑思考、加工才能理解和掌握外语。充分利用鲜明、生动和真实的实物、图片、幻灯片等直观教具的视觉形象有助于增强感知效果。

2. 理解

理解所感知外语材料的意义是学生学习外语的主要目标之一。它是感知的深入。在感知外语的基础上理解外语的意义是学生掌握外语的重要环节。言语理解是指听懂别人口头所讲和书面文字所写的记述，也就是懂得言语所表述的意思。语言理解也是指理解语音、词汇、语法和句型所表述的概念、结构和用法。

理解是以原有的外语知识经验为基础，并通过积极思考实现的。积累丰富的外语感性认识材料并诱发学生进行积极思维活动能提高理解的效果。理解是与思维力紧密联系的。有目的、全面、独立、灵活和创造性地进行思维活动能加深理解的程度和发展学生的思维能力。

3. 操练

操练知识的步骤实际上就是巩固知识的步骤。学生通过操练可以巩固所学语言知识或语言材料。操练巩固知识是指把所学的外语知识通过练习记忆和保持在大脑之中，这是教学过程的一个重要步骤。学生学习外语必须运用有效方法及时练习巩固所学外语知识，这样才能不断积累、扩大和完善外语知识结构。否则，学了就忘，学生学习就会一无所获。培养学生交际时运用外语的能力是以练习巩固知识为前提的。外语知识不经练习巩固就不能在大脑中贮存，交际中运用外语时也就检索和提取不出外语知识，交际运用外语就成了无米之炊，难以实现。另外，练习巩固外语知识还能扩大、加深和丰富外语知识的感知、理解和积累。

练习巩固外语知识是通过识记、保持、再认和回忆的记忆过程实现的。识记、保持是再认和回忆的基础，再认和回忆是识记和保持的结果和发展。操练巩固知识首先要充分利用无意识记和有意识记、意义识记和机械识记相结合的方法，合理安排识记语言材料和组织复习以及利用多感官、多渠道、多样化的方法提高记忆外语知识的效果。

4. 交际

外语是重要的国际交往工具。学生学习外语的目标就在于听、说、读、写交际运用。中学外语教学目标是培养学生交际运用外语的能力。如果外语知识只停留在记忆阶段而不能在具体的情境中交际运用，那么外语知识就会变成僵死的知识。外语知识不经运用也难以记忆巩固。在具体的情境中运用外语知识是加深感知理解，巩固丰富知识，使知识进一步系统化、结构化的根本途径。在特定情境中交际运用知识既是外语教学过程中的一个中心环节，也是外语教学过程中的关键阶段，还是语言知识转化为实际运用能力的核心步骤。只有加强外语知识的交际运用，才能完成外语教学规定的目标和任务。

运用外语知识是与创造力紧密联系的。学生只有在特定情境中创造性地运用外语知识，才能培养起为交际初步运用外语的能力。

外语教学的四个基本步骤是一个辩证的统一体，是一个注意力、观察力、记忆力、思维力、想象力和创造力综合运用的智力活动过程。尽管四个步骤有其相对的独立性，但相互之间又有紧密的联系性。感知是理解的基础，理解是感知的提高。感知和理解又是记忆巩固知识的基础，记忆巩固又是感知、识记和理解的提高。感知、理解和记忆巩固又是交际运用的基础，而交际运用又是感知、理解和巩固记忆的提高。总之，前一阶段是后一阶段的基础，后一阶段是前一阶段的提高。学习和掌握外语是由低一级逐步向高一级层次发展的过程。这个过程具体表现为学生由完全受外部（教师，书本或录音带）控制到部分受控制直到完全不受控制的过程。四个步骤也不是不变的、刻板的模式。外语教师要根据语音、词汇、语法、句型知识和听、说、读、写训练的特点灵活地、创造性地安排四个步骤。

三、英语教学模式

英语教学模式与外语教育模式都能运用于英语课堂教学，很难清晰、明确地划分它们之间的界限。只是英语教学模式比较具体，常在课堂中运用，而外语教育模式主要体现在它的外语教学法体系性上。英语教学模式类型很多，这里仅举几个模式为例，具体的英语教学模式还可参阅陈述性知识、程序性知识和研究性学习等教学模式。

（一）布鲁姆的掌握学习模式

布鲁姆的掌握学习模式常用于各学科的课堂教学之中。我国英语课堂教学常把它作为单元教学模式来使用。

首先是制定单元教学目标，并按单元目标进行教学。单元教学结束后要进行一次单元形成性测验，以检查学生是否掌握规定的单元目标。如果检查发现学生未掌握单元目标，就应弥补知识缺漏，进行矫正学习，然后再进行第二次平行性测验，检查单元目标是否完成。掌握学习的主要特点是使大多数学生都能掌握规定的单元目标。

（二）坎特林的三个知识体系相结合模式

坎特林（Candlin，C.N.）把学习语言看作语言形式、概念意义和人际关系的三个知识体系的结合模式。

1. 语言形式体系是语言规则体系

它属于语言学范畴，包括语音学、语法学、词汇学和身势语言学。

2. 概念意义体系是指语言表达意义的体系

它属于语义学范畴，包括意念、概念和逻辑关系。意念是指时空和数量等。概念是指客观事物本质特征在人头脑中的反映。逻辑关系是指事物间的比较、等同、因果关系等。

3. 人际关系是指人们在用语言交际过程中对语言的解释

它属于语用学，包括语言事件、序列、规则和含义。

语言事件是指人们的一次交谈，如互相问候、打听消息和交换意见等，也包括两人说两句话以上的言语活动。它包括交际场所、参加者及其身份、传递的信息和谈话的基调及渠道等。

序列指两人交际时言语行为相互之间有一定的自然序列。

规则和含义指语言使用规则和教材内容等。它的特点是要求在交际过程中运用适当的语言形式，表达恰当的意义，进行交际活动。

（三）哈伯德（Hubbard）的学习交际模式

1. 亲近情感

亲近情感（affinity）是指热爱、喜欢或其他情感等。

2. 现实

现实（reality）是指客观存在的事物。

3. 交际

交际（communication）是指两人之间思想与物质的交往。它的特点是要求学习者在客观事物情境中愉快地进行交际。

（四）3P教学模式

国外主要外语教学流派的共同点是按外语教学过程的特点把外语教学过程分成四个步骤：呈现、理解、操练和交际。如果把呈现和感知归纳成讲解，也可归纳成讲解、操练、运用三个步骤，即presentation，practice和production，取其三个英语单词的第一个字母即组成3P模式。

1. 讲解

讲解（presentation）是指教师呈现、讲解语言知识或语言材料。

2. 操练

实践（practice）是指操练语言知识或语言材料。

3. 运用

运用（production）或产出、输出是指语言知识或语言材料的交际运用或在具体的情境中创造性地运用。

（五）CRA 教学模式

斯克里温纳（J.Scrivener）的 CRA 教学模式是指阐明和讲解语言（clarification and focus）、控制性地操练语言（restricted use of language）和在真实的情境中运用语言（authentic use of language）三个步骤。

1. 阐明讲解语言

阐明和讲解语言（clarification and focus）是指阐明和讲解语言规则。

2. 控制性地操练语言

控制性地操练语言（restricted use of language）是指有控制性地操练语言规则，以便通过操练巩固、掌握语法规则。

3. 在真实的情境中运用语言

在真实的情境中运用语言（authentic use of language）是指在真实的社会生活情境中创造性地运用语言。

初看 CRA 教学模式与 3P 模式大同小异，实际上它们之间存在两点区别。一是 CRA 是一个动态活动的过程，根据英语教学目标三个步骤可任意变换位置，CRA 或 RCA 或 ARC 模式都可以。二是 CRA 模式特别强调在真实情境中运用语言，这是交际语言教学所强调的交际能力。斯克里温纳试图用 CRA 教学模式取代 3P 教学模式。

（六）英语学与教对应教学模式

学生是英语教学的主体，是学习的主人。学习是学生在原有知识、经验、情意基础上积极有效和创造性地构建知识网络的智力活动过程。教师的教是为了学生的学，并要为学生学习过程的规律服务，需要符合学生学习过程的规律。英语教学不仅是学生主体与掌握英语客体的双向互动的过程，而且还是学生、教师、情境三者互动生成的过程，甚至是主体、主导客体、情境与情意多向互动生成的过程。

英语学与教九步模式是与学生学习模式相对应的教学模式。

根据信息论和记忆、运用信息的学习过程规律和英语教学的实际，我们总结了学与教英语的九步骤模式。这九个步骤是：定向，感知，理解，模仿，识记，巩固，交际，检测，自控。

其相应的认知活动主要是：注意力，观察力、注意力，思维力，观察力、注意力，思维力，记忆力、思维力，思维力、创造力，记忆力、思维力，思维力、反思能力。

根据学生九步英语学习模式，教师应采用与之相对应和协调的九步教学模式。它们是：目标，联旧引新，辨别，示范，归纳，操练，运用，反馈，小结。

1. 定向——注意力——目标

学生开始学习新知识时，对于学什么和要达到怎样的目标在思想上需要有所准备，以便集中注意力去接受新的英语知识。教师面对学生这一定向要求，应激励学生自觉规划目标和集中注意力构建新知识的心理定向。

2. 感知——观察——联旧引新

学生具备了求知的心理定向后，全神贯注地在具体情境中通过视觉和听觉观察感知输入新的英语知识。学生感知新的英语知识是在已有英语知识基础上实现的。教师应采用联旧引新的方法，促进学生用原有知识有准备、清晰、简捷、深刻、主动地感知、构建新知识。首先，教师应指导学生扼要地回忆和复习与新知识有紧密联系的旧知识，或者检查上节课布置的家庭作业，为感知新知识铺路，打好知识和能力上的基础；然后，教师通过各种视听手段联旧引新输入新知识。生动形象的实物、表情、手势、动作、图片、简笔画、投影片、多媒体等和语音语调准确、节奏明快、地道的录音相结合，能加深学生对所输入新知识的感知印象和加强新旧知识的联系，并为新旧知识融合、构建成新知识结构准备条件。

3. 理解——思维——辨别

学生在原有的语言知识基础上，通过在具体情境中视听英语相结合的手段进行分析、综合的思维活动，理解所输入的新知识的意义和用法。教师通过视听手段创设言语情境，以及在情境中进行分析、辨别性练习，使学生理解所学语言知识的词义、句义及其用法。而且听力理解和阅读理解能力还是英语教学的重要目标之一。

4. 模仿——观察——示范

学生在理解新知识后，教师应进一步要求学生仔细观察并准确模仿，重复说出所学语言材料。为了使学生能模仿准确的语音、语调和重复说出新学的语句，教师应播放地道的英语录音作示范（或自己示范说），并要求学生仔细辨听，直接完整地、准确地模仿语音、语调和节奏，以培养学生准确的语音、语调，并让他们富有节奏地说出语句。教师正确的示范和学仔细辨听和准确、完整的模仿是关键。

5. 识记——思维——归纳

感知、理解、构建、模仿新知识的目的在于进一步识记，并把它们输入大脑贮存库中贮存起来。学生在模仿的基础上通过在具体情境中操练记住新知识。学生进行积极思维活动并在掌握感性知识的基础上对新的语言知识进行组块梳理、编序、归类成网络知识以便于学生识记。孤立的语言知识难以识记和贮存。新旧知识联系、组块、整合、网络识记.易于使新旧知识组合成新的组块结构网络进入大脑短期贮存库。

6. 巩固——记忆、思维——操练

识记的新知识常会遗忘。新学的知识内容忘得快，忘得多，这是遗忘先快后慢的规律使然。因此，学生要及时在具体情境中进行复习巩固、记忆，以免过快遗忘，日后还要经常有计划地进行复习巩固。为使学生能记住所学的知识，不致产生遗忘，教师就需组织多样化的操练，促进学生记忆，积极开展思维活动，促使知识尽快转化为技能，达到巩固、记忆所学新知识的目标。

语言类似一种运动技能。英语知识转化成技能是一个逐渐由量变到质变的过程。MacDonald（1959）将知识转化为运动技能的量变过程总结为六个阶段。它们是：无进步阶段、快速进步阶段、减速阶段、高原阶段、再减速阶段以及再次减速阶段。

7. 交际——创造性思维——运用

新知识同化于原有知识之中并进入大脑短期贮存库，再经机械性、意义性和交际性操练获得巩固。然后，再经交际性操练语言知识由短时记忆进入长时记忆，并根据特定交际情境的需要随意从贮存库中提取语言材料进行交际活动。

8. 检测——思维——反馈

学生感知、理解、识记、交际运用语言知识的能力是否能达到规定的教学目标，就需通过检测思维获取反馈信息，如有不足，需要弥补知识缺漏。学生自觉地、经常地进行自检和思考是获取反馈信息的重要手段。

9. 自控——反思——小结

学生对自己的学习结果、学习过程和学习态度等各方面进行恰如其分的自我分析、反思、评价，及时了解自己学习的优缺点以便发扬优点，改掉缺点，自我调控学习策略方法和学习进程，使学习质量更上一层楼。

四、英语教学模式的分类

英语有众多繁杂的教学模式。这是由英语教学的多元性、多样性、多维性和多层性所决定的。与世界上存在的其他任何事物一样，英语教学可从不同的角度、不同的维度来观察和分析研究。根据不同的教学理论、教学目标、教学内容、教学过程、策略方法和评价，英语教学就可设置出众多、不同的英语教学模式。即使是同一教学内容也会由于理论基础和分类标准的区别，其过程、策略方法、操作程序和操作层次的差异，也能设置出多种不同的教学模式。它们可以是单一的模式，也可以是综合模式或半综合模式。仅美国教育家乔伊斯（Joyce）的《教学模式》一书就整理概括出八十多种理论基础的学派观点和教学研究方案，以及二十八种模式，并进一步概括成四大类模式：社会型构建学习群体、信息加工型、个人型和行为系统型。在二十八种模式中每种模式又分成众多的模式。以信息加工大类中的归纳思维模式为例，它一个模式就含有四个维度：模式的导向、教学模式的应用、教学效果以及教育效果。在四个维度中仅模式导向又可分成四个层级：体系、组织结构、教师作用的原则和支持系统。应用又分成两个层次（角色扮演模式的运用）：角色扮演和课程、选择问题情境。教学效果又可分为：概念、技能的形成，概念形成的过程，概念系统的应用。教育效果又可分为：探究精神、对知识质的认识、逻辑思维等层次（信息加工的归纳思维模式）。可见，教学模式根据分层次、多维度的不断扩展而不断增加至上百种模式。但是，这么多的教学模式是否真正合理.是否真正有效，如何对它们进行科学的评价，我们必须加强教学模式的概括以及模式评价的理论和实践的探索。

英语作为外语教学模式含有三个层次：宏观层次、中观层次和微观层次。各个层次又各有自己的多维方面。因此，它也像乔伊斯等提出的大量教学模式一样，也可能组成庞大的各种各样的英语教学模式。我们可以粗略设计一张探索英语教学模式类型的表，以便能初步感知到英语教学模式量之巨大。

五、英语教学模式的选择和运用

正因为英语教学模式多种多样，我们就需要根据具体情况、具体条件选择和运用英语教学的模式。

（一）英语教学模式的选择

英语教学模式的选择，一方面需依据具体的英语教学性质、教学目标、教学内容、教学过程的需要；另一方面也需根据学生的年龄特征、认知规律、英语知识水平的特点；再一方面还需考虑教师的水平和特点，教学物质条件以及教学时间等客观因素。

（二）英语教学模式的运用

英语教学模式的运用，一方面需要遵循英语教学模式选择的条件，另一方面需要符合学生学习英语的学理，优化组合各种模式并有所变通、有所发展和创新，灵活运用。

第二节　英语教学模式的理论基础

语言学（社会语言学、心理语言学、教育语言学、认知语言学等）、心理学（认知心理学、社会心理学、社会建构主义心理学）、语言习得理论和多元智能理论等都是英语教学建立教学模式的理论基础。由于各类各个英语教学模式都有其自己的理论基础，这里只能是简要地论述我们主张的英语教学模式的共性理论基础：语言的本质、教育的本质和学习的本质。

一、语言学理论

（一）语言学理论

19世纪30年代德国哲学家、语言学家洪堡特（Humboldt）最早区别语言和言语两个不同概念。他指出语言是内在的结构，是讲话人的心智能力部分，而言语是外显行为。20世纪初瑞士语言学家索绪尔（Saussure）也把语言区分成语言和言语。他认为语言是一种社会现象，是一个语言社团共有的一种抽象体系，是一套普遍原则，它决定着每个人的言语形式。言语是表现出来的语言，它反映讲话人的特点，它总是与具体环境密切联系的。这时，博厄斯（Boas F.）、马林诺斯基（Malinowski B.）和莱维·施特罗斯（Levi-Strauss C.）分别对居住在太平洋北岸的印第安人部落、西太平洋特罗布赖恩特群岛的居民和巴西中部的印第安人部落进行长期的民族风俗文化、神话和语言的调查研究，对语言功能及其使用场合等进行研讨。之后，叶斯普森（Jespersen）等语言学家也特别强调语言的社会功能，并通过访谈电话等手段对语言进行调研，创建了国际音标体系。但是索绪尔等语言学家过分强调语言的研究，而忽视了言语的讨论，加之结构主义语言学家布龙菲尔德（Bloomfield）等把语言的社会功能作为独立于语言学之外而加以排斥，直到20世纪60年代语言学家逐渐认识到结构主义语言学和乔姆斯基（Chomskey）转换生成语言学的纯语言研究的弊端——其不符合语言是社会的交际工具的本质特征，于是人们开始重视把语言置于社会中进行研究。

传统的语言学理论把语言作为独立的符号系统来研究，研究语言的形式、规则或结构，完全不考虑或很少考虑人们在真实的社会情境中使用语言的规律和语言受人类社会情境影响所产生的各种变异因素。这种语言研究完全脱离了使用语言的人，割裂了使用语言的真实社会生活的情境。受这种语言学影响的各外语教学法流派也只着重语言形式符号系统的训练，忽视交际能力的培养，导致外语学质量不理想。社会语言学家一改过去语言学各流派着重研究语言形式、语言结构，而开始注重研究语言的社会功能。《语言是社会的意义》（*Language as Social Semantic*）（Halliday）把语言看作社会的语言和社会的符号（a social semiotic）。社会语言学家认为，语言的社会交际功能是语言最本质的功能。海姆斯（Hymes，D.H.）认为，学语言的人不仅看他能否造出合乎语法的句子，而且还包括能否恰当地使用语言，并首先提出交际能力的概念。因此，语言的社会交际功能就成了交际语言教学重要的理论基础之一。培养学生在特定社会情境中的交际运用语言能力就成了交际语言教学最重要的目标之一。

（二）语言的本质观

英语教学的语言观，实质上就是语言社会功能的本质观。对语言本质的不同认识就会形成各种不同的英语学习观和教学观。语言本质观主要表现在以下几个方面。

1. 交际性

语言是人们交往最重要的交际工具。语言交际性是语言最本质的社会功能，是认识语言本质最核心的因素。语言随人类交际需要而产生、发展和继续存在。语言一旦失去其交际性的本质职能，语言就会消亡，不复存在。

言语交际过程的特点是：

①双向性或多向性；

②双方或多方有信息交流的意图或信息；

③双方或多方依据社会规约创造性地使用语言；

④双方或多方配有身体语言；

⑤真实的言语交际过程是在真实的社会生活情境中带有感情色彩的双方或多方情意、情境互动的过程；

⑥由于对象、社会地位和场景不同，运用语言的特点也不同。

2. 有声性

有声性是语言的本质属性，语音是语言的物质外壳，是信息的物质载体。有声性的口语是第一性的，文字是口语的书面记录。英语教学要以有声的口语为教学的基础，在这基础上着力发展书面语能力。

3. 意义性

语言是表情达意的体系。语音和语义是语言的基本结构，是语言的基本成分。语音是语言的物质外壳，是语言的形式，而语义是语言的内容，是语言所代表的事物。音和义两者合而为一就是语言。因此，英语教学应是一种有意义的教学。

4. 情境性

语言的意义来源于社会情境。语言意义是社会情境在人们头脑中的主观意识的反映。没有情境就没有语言。语言存在于特定的情境之中，并交际运用于特定的交际情境之中。语言只有在具体的社会情境中才具有确切的意义。正是由于有了这一社会情境才使得语言具有强大的生命力，才使得语言具有实际交际价值。

5. 信息载体性

语言是学习的载体，语言作为传递信息的一种媒体而独立存在。信息只有通过语言这个中介才能实现你、我、他之间沟通、交流信息的功能。

6. 思维工具性

语言是思维的工具，是思维的形式。思维是语言的思想内容，思想内容是思维的结果。思维依赖于语言，思维活动是在语言这一形式的物质外壳基础上实现的。语言也离不开思维，没有思维的内容也就谈不上语言。

7. 生成性

语言是一套结构生成系统，是一套有组织、有条理的层级系统，是一套链条形的层级装置。语言凭借组合和转换手段使语言三要素：语音、词汇、语法组成无数的句子被用来进行言语交际活动。人们是根据交际的需要用有限的语音、词汇和语法规则的排列组合和转换创造出无限的句子来表情达意的。

8. 情感性

语言是表情达意的工具。人们使用语言进行言语交际活动时，始终伴随着情感因素。没有情感因素的言语交际活动是不可能存在的。言语交际活动始终处于非语言的表情、动作等范畴之中。有人统计，在两人的交谈中35%的信息是由语言工具传递的，65%的信息是由身体语言传递的。

9. 文化性

语言是民族文化的载体。语言随社会民族的发展而发展。语言是社会民族文化的一个组成部分。各社会民族都用自己的语言进行交际和交流思想。语言是社会民族文化的载体。语言离不开文化，文化依靠语言。外语教育也离不开社会民族的文化。

10. 约定俗成性

语言是一种符号系统。任何符号与它表示意义的联系带有任意性。所以语言是一种音和义任意联系的符号系统，是各社会民族约定俗成的符号系统。人们不是用实在的事物，而是用代表事物的、约定俗成的意义符号系统来进行言语交际活动的。语言符号表示的意义常带有一定的偶然性。用这种符号而不用其他符号的原因主要取决于各社会民族的主观意志、时空因素和生活习惯。因此，语言具有民族性，是社会民族约定俗成的符号。

11. 整体性

语言不是语音、词汇、语法孤立的语言，也不是语音、词汇、语法等脱离社会的孤立现象。语言的整体性或综合性是语言的本质特征之一。

二、心理学理论

（一）认知心理学

认知心理学家极力抨击行为主义心理学把人的认知活动等同于动物的纯生物观，片面强调人与动物的共性的外显行为，而严重忽视人的意识和思维活动的刺激——反应二项说。认知心理学主张人的认知活动不能仅被看作是刺激—反应的过程，更重要的是人感受刺激后大脑内部需进行积极的认知思维活动，然后才对刺激作出反应。

认知心理学强调人的认知活动是大脑积极思维的过程，是创造性思维的结果。在语言教学过程中它强调以学习者为中心，并要求学生积极参与语言理解性的输入和发展语法意识，掌握语言规律以指导语言实践。

1. 皮亚杰的认知发展论

皮亚杰（Piaget）的认知发展论强调学习者的创造性思维和在原有知识基础上对新知识的主动建构。他认为学习是一种智慧活动，是主体和环境的相互作用过程，是主体凭借原有知识逐渐建构客观世界知识的过程。他认为儿童认知发展需经历三个过程：同化、顺应和平衡。

①同化

同化（assimilation）是指吸收、消化新知识，是指学习者运用原有认知结构理解知识并把新知识吸收、纳入原有认知结构之中并整合、发展、建构成新的认知结构。

②顺应

顺应（accommodation）是指适应、顺化，是指学习者用原有认知结构无法理解吸收、同化新知识时，为适应顺应新知识而主动改组、重组原有认知结构。

③平衡

平衡是指儿童的发展是通过新旧知识的同化和顺应的过程达到平衡。原平衡的失调，同化、顺应达到新的平衡，使儿童的认识不断获得发展。

在皮亚杰看来，认知结构就是一种图式（schema）。教学要根据学习者的年龄特点和认知发展水平来安排教学过程。学习不仅是机械的刺激反应，而且是认知图式的重建和新的认知图式的建构。

2. 布鲁纳的认知发现论

美国认知心理学家、教育学家布鲁纳（Bruner J.S.）创建了认知发现论。布鲁纳认为，学习是一个认知过程，学生是通过认知过程理解学科的基本结构的。这个认知过程是一个认知发现的过程。学生积极主动地去思考、去理解、发现和获得知识。学生通过积极主动地独立思考，收集、组织、分析、综合处理知识，从而发现、归纳知识内在的本质特征及其规律。发现学习理论还指出，人类记忆的首要问题不是储存（storage），而是检索（retrieval）。检索的关键在于组织，即知道到哪里去获取信息和怎样获取信息。布鲁纳用30对单词对立体（pairs of words）做实验。他把12岁的儿童分成三组，甲组只求记住，乙、丙两组用中介词使单词对立体建立联系记忆，乙组由教师讲解，丙组由学生自行发现。结果.呈现第一个词能记起第二个词的百分比，乙、丙组为95%，丙组又胜过乙组，甲组最高也到不了50%。

3. 奥苏贝尔的有意义学习

奥苏贝尔（Ausubel D.P.）反对行为主义的机械学习，主张有意义的学习（meaningful learning）。奥苏贝尔根据人类学习把学习分成有意义学习和机械学习；根据学生学习，他又把学习分成接受性学习和发现学习。他认为外语听说法的机械性特点与有效的学习心理过程不符。学生在语言实验室里的学习与Skinner的鸽子在笼子里的反应不同。每个人都有个人的特点，比鸽子要复杂得多。刺激一反应强化学习过程缺乏人情味，缺乏人性，缺乏人的主观能动性，而学生能用更多的工具和探究的态度学习。学生把新材料和已有的认知结构相联系，能促进学习、记忆和掌握知识。

布鲁纳不完全同意布鲁纳的发现学习观，他主张学生要有更多的有意义的接受学习。一方面布鲁纳强调教师的主导作用，教师决定着学习活动的结构和内容；另一方面他认为发现学习掌握知识是有限的，太浪费时间，而成人能掌握概念化的结论。

4. 社会建构主义

社会建构主义实质上是皮亚杰的认知发展论的观点。所以我们把它放在皮亚杰的理论一起论述。

建构主义有多种不同的派系，其中主要有信息加工建构主义、个人建构主义、控制论系统观、社会文化认知观、激进建构主义和社会建构主义等。

个人建构主义的认知观和知识观认为，知识不是被动吸收的，而是学生主体主动认知建构的，知识是通过学生在原有知识经验基础上个体理解和建构的，这源于皮亚杰的观点。知识是个体主观的，但建构主义反对皮亚杰的真实是客观事物的反映而强调知识不是客观的。这种知识不是客观事物的反映有失偏颇。

激进建构主义的认知观和知识观认为，人的知识是个人认知建构和发明的。激进建构主义完全否定知识的客观性。凭借学生个体主观建构和发明，学生主体是无法获得客观知识的。很难想象脱离了客观存在，脱离了社会实际，学生怎么能认知建构和发明。

社会建构主义的认知观和知识观认为，知识不仅是通过个人认知建构的，而且也是个人与他人在社会生活情境中互动、合作过程中认知建构的。

5. 兼收并蓄各家之长

整合各种认知心理学的观点，兼收并蓄它们的合理部分为我们所用。我们可整合出以下几个观点：

①知识的形成和获得是学习者个人在原有的知识经验基础上对客观世界新知识的主动认知和构建的结果；

②知识的形成和获得不仅是个人积极主观的认知和构建，而且更是与社会成员群体互动认知和构建的结果；

③知识的形成和获得是学习者有意义的接受性学习和发现学习相结合的互动合作学习和构建的结果；

④知识的形成和获得是学习者本身与客观世界情境互动获得的经验基础上构建知识并赋予经验和意义；

⑤提倡学生积极地参与学习活动，创设问题情境，激励研究性学习等。

（二）人本主义心理学

人本主义心理学（humanistic psychology）在20世纪60年代产生于美国。它的创始人和主要代表是马斯洛（Maslow A.）和罗杰斯（Rogers C.R.）。他们以存在主义和现象学哲学观为其理论基础。存在主义强调人的精神存在的价值和意识的作用，外界环境可迫使人的机体屈服.但无法使人的思想屈服。现象学把心理活动作为一种自然呈现的现象来研究，强调整体替代组成部分的研究。人本主义既反对把人比作动物、把人的本能与动物的本能相提并论的行为主义，又抨击只研究精神病人的病态心理、而不研究正常人的心理的弗洛伊德精神分析学派。因此，人本主义被称为心理学中的第三种力量。人本主义认为人际交往中情意因素起决定作用，主张人的自我实现和发展完整的人（whole person）„

1. 马斯洛的自我实现理论

马斯洛认为人具有内在的价值和潜能（potential），人的内在价值是满足人的需要。他把需要区分为两个范畴：维持需要（dificiency needs）和发展需要（being needs），这是人的心理和生理需要的平衡。

从上可见，人的生理需要，如衣、食、住、行、水、止痛等。心理需要，如安全感、人际和归属关系、爱和自，尊心等。如果人的生理和心理需要得不到满足，人的生活会发生困难。如果人的生理需要不能满足，就不可能去想心理需要的满足。只有低层级的生理需要获得满足，才能奢望爱和自尊心等心理需要。只有心理需要得到满足也才能要求满足认知需要、美的需要和自我实现的需要等发展需要。生理和心理需要是人的维持需要。认知需要、美的需要和自我实现需要是人的发展需要。只有维持需要得到满足，才能要求满足发展需要，最高达到个人的潜能和自我实现需要。

马斯洛认为，对于自我实现的人来说，重要的工作目标至少有13个：

①成为工作的主要推动者；

②有自决权；

③自由支配自己的行动；

④能够全程参与某项计划（从计划执行到完成）；

⑤对成功有所期望；

⑥喜欢或至少乐意负担责任，尤其是对自己的责任；

⑦主动而不是被动；

⑧做一个人，而不是一个东西；

⑨体验自己做主的自我；

⑩体验自主性；

⑪体验自发性；

⑫体验独立性；

⑬自己的能力获得他人的认可。

2. 罗杰斯的自我指导理论

罗杰斯认为人类具有学习的自然潜能，有意义的学习发生在领悟、理解主题内容和积极地参与有经验的学习之中。学习是情感和认知参与的自我指导过程和自我实现过程。罗杰斯的心理疗法特别强调人的独立性、创造性和自我信赖，反对外部的强迫压力和批评，鼓励参与讨论、探索研究和自我评价。这种教师不作指导，不包办操纵，而让学生自我指导、自我实现，是一种非指导性的教学模式。为了应对现代社会的要求，学习者应学习自身变化的过程，继续发展经验和准备参与社会变化的过程。

三、多元智能理论与成功智能理论

（一）多元智能理论

1. 语言智能

语言智能（linguistic intelligence）是指用语言思维、用语言表达和欣赏语言深层内涵的能力。作家、诗人、记者、演说家、新闻播音员都显示出高度的语言智能。

2. 逻辑—数学智能

逻辑—数学智能（logical-mathematical intelligence）是指人能计算、量化、思考命题和假设，并能进行复杂数学运算的能力。科学家、数学家、会计师、工程师和电脑程序设计师都显示出很强的逻辑—数学智能。

3. 空间智能

空间智能（spatial intelligence）是指人们利用三维空间的方式进行思维的能力，如航海家、飞行员、雕塑家、画家和建筑师所表现的能力。空间智能使人知觉到外在和内在的图像.重视、转变或修饰心理图像，有效地调整物体的空间位置和创造或解释图形信息。

4. 身体—运动智能

身体—运动智能（bodily-kinesthetic intelligence）是指人能巧妙地操纵物体和调整身体的技能。运动员、舞蹈家、外科医生和手艺人都是这方面的例证。在西方社会，动作技能不如认知技能那样受人重视，然而善于支配自己身体的能力是他们赖以生存的必备条件，也是取得其社会声望的重要特征。

5. 音乐智能

音乐智能（musical intelligence）是指人敏锐地感知音调、韵律、节奏和音色等的能力。具有这种智能的人包括作曲家、指挥家、乐师、音乐评论家、制造乐器者和善于领悟音乐的听众。

6. 人际关系智能

人际关系智能（interpersonal intelligence）是指能够有效地理解别人和与他人交往的能力。成功的教师、社会工作者、演员或政治家就是最好的例证。由于近来西方文化已经开始认识到心智与身体间的联系，所以也必然开始重视精通人际交往行为的重要价值。

7. 自我认识智能

自我认识智能（intrapersonal intelligence）是指关于构建正确自我知觉的能力，并善于用这种知识计划和引导自己的人生。神学家、心理学家和哲学家就是拥有高度的自我认识智能的典型例证。

8. 自然观察者智能

自然观察者智能（naturalist intelligence）是指观察自然界中的各种形态，对物体进行辨认和分类，能够洞察自然或人造系统的能力。学有专长的自然观察者包括农夫、植物学家、猎人、生态学家和园林设计师。

加德纳（Gardner）认为，每一种智能还包含有次级智能。例如，在音乐领域中的次级智能就包括演奏、歌唱、作曲、指挥、评论和欣赏音乐，其他七种智能也都各自包含着多种构成要素。

（二）成功智能理论

斯腾伯格（Sternberg）从智能活动使社会生活成功的角度提出了成功智能的概念。成功智能含有三个方面的智能：分析性智能、创造性智能和实践性智能。

1. 分析性智能

分析性智能是指解决问题、决策和评价结果质量的能力。

2. 创造性智能

创造性智能是指创造新思想或新成果的能力。

3. 实践性智能

实践性智能是指将思想转化为实践行动的能力。

（三）整合多元智能和成功智能

为了有效地开发学生的智能、个性和潜能，英语教学应根据学生和教学自身的特点、规律有机地把握、整合、操作多元智能和成功智能来设计英语教学的模式。

四、积极有效学习理论

教育部颁发的《基础教育课程改革纲要（试行）》规定："改变课程过于注重知识传授的倾向，强调形成积极主动的学习态度，使获得基础知识与基本技能的过程同时，成为学会学习和形成正确价值观的过程。"为此，我们提倡积极有效学习的理论。

积极有效学习是针对传统的以教师为中心、以课堂为中心、以书本为中心的注入式教育而提出的倚重素质教育的一种学习理论。注入式教育是一种教育思想，它重应试，轻素质；重教师，轻学生；重知识的传授，轻能力的培养；重结果，轻过程；重书本知识灌输，轻联系社会生活实践；重死记硬背，轻理解运用；重智育，轻情感；重集体朗读、背诵，轻个别、小组活动；重少数尖子学生，轻全体学生；重统一求全，轻个性、潜能发展；重批评惩罚，轻鼓励、情意情感等。

英语积极有效学习是指英语学习过程要在教师指导下，树立学生是英语学习主人翁的观点，在特定情境中积极主动地耳听、口说、眼看，动手、动脑与教师、情境、情意互动生成，掌握英语知识、技能和为交际运用英语的能力，发展情意和自辩、自治、自理、自学能力，学会学习。英语积极有效学习主要体现在下列几个方面：

1. 学生是学习的主人

学生是英语学习的主人、协调者和创造者，教师的教归根结底是为了学生的学。学生是内因，教师是外因；内因决定外因。学习的成败主要是学生内因起作用。学生积极主动地在特定的情境中创造性地运用英语是英语积极有效学习的核心。

2. 学会学习方法

积极有效学习的关键是让学生发展自学能力，学会学习方法。学生只有学会学习方法才能培养其自辩、自治、自理和自学能力。

3. 学生、教师、情境、情意互动

学生在特定的社会生活情境中怀着轻松愉快的情绪与教师、学生群体互动、生成，并在相互沟通、交流思想情感过程中学会用英语交流信息的能力。

4. 积极主动构建知识

学生学习英语要发挥自己的主观能动性，联旧引新，在已学知识与经验的基础上怀着宽松心情，在与客观世界情境互动过程中积极主动构建英语知识（包括陈述性知识和

5. 了解学习过程，掌握学习规律

学生学习英语不仅要掌握所学英语内容，而且也要了解自己的学习过程，掌握学习的认知规律，经常进行自我检查、反馈和自我调整，积极有效地提高学习效率。

6. 积极参与多信息、高密度、韵节奏、勤交际的英语沟通、互动学习活动

学生只有积极主动参与多信息、高密度、韵节奏、勤交际的英语沟通、互动学习活动，才能积极有效地学会运用英语，达到事半功倍的效果。

7. 养成良好的学习风格

养成经常、持久的良好学习习惯是学生有效提高学习质量的重要保证。

8. 增强自信心

学习自信心是学生自己肯定的自我评价效果所引起的自信以及期望他人、集体和社会的信任感。满怀信心、积极进取、追求成功是自信心的积极表现。学生具有充分的自信心就能产生积极主动参与英语学习活动和学会运用英语的强烈愿望，并付诸行动。

第三节　英语教学模式评价的理论与实践

英语教学模式根据分层次、多维度的不断扩展可增至上百种英语教学模式。但是，这些模式能否构成模式，是否真正有效，又如何对它们进行科学的评价？对此，我们必须加强英语教学模式和英语教学模式评价理论的研究和实践探索。由于英语教学模式是通过课堂教学显示和实现的，所以要评价英语教学模式必须通过英语课堂教学，并结合课堂教学对英语教学模式进行评价与分析。换言之，

英语教学模式评价必须与英语课堂教学评价相结合。由于英语教学模式需通过定量分析和定性分析相结合，评价英语教学模式也需通过它在英语课堂教学中呈现的教学目标、内容、步骤和策略方法等进行定量和定性分析，才能获得比较合理和有效的评价。

一、课堂教学与英语教学模式

英语教学模式评价的首要问题是要明确英语课堂教学评价和英语教学模式评价的区别和联系。

课堂教学是一种教学活动，教学模式是一种结构化和模式化的教学活动。客观上说，课堂教学活动自觉和不自觉地在执行一种活动的结构，不过只是杂乱、不成熟的，且未经科学理论的论证和实践的实证，还不能称之为结构化模式。英语教学模式是在一定的理论指导下，由若干主要因素相联系整合成相对稳定的、便于操作的结构体系。因此，评价课堂教学和评价教学模式是两个不同的概念，两者有着本质的区别，但它们都是教学活动，都是教学活动的一种形式，又相互紧密联系。课堂教学是一种经验型的教学活动，英语教学模式是一种经验型升华成理性型的教学模式活动，两者都植根于课堂教学的实践活动之中。

既然英语课堂教学与英语教学模式是两个不同的概念，相互间既有联系，又有区别，则英语课堂教学评价和英语教学模式评价也是两个不同的概念，相互既有联系，又有区别。联系性表现在两者都要对英语课堂教学活动全过程进行全面综合、细致的分析与评价。区别性则表现在两者评价的内容和侧重点的不同上。英语课堂教学评价着重对其设置的教学目标、内容、原则、过程、策略方法，学生与教师关系，小结，布置作业等全面或选择其中部分作为评价的对象和重点。而英语教学模式评价着重点却放在以下三个方面：一是被评价的英语教学模式是否能构成模式，教学模式是否成立；或者根本不是模式，仅仅是一种不成熟的经验型的课堂框架。二是同一内容、同一模式或不同模式实施后呈现不同效果的分析评价。三是英语教学模式的理论基础的科学性、先进性，模式结构的程序阶段、步骤之间的内部逻辑联系性和规律性以及使用的策略、方法的积极有效性。

二、英语课堂教学的评价

如需评价英语课堂教学，先要明确两个问题：评价指标和评价方法。没有设定评价指标，没有考虑具体操作的评价方法，英语课堂教学评价是难以产生和实现的。评价英语课堂教学的核心问题是要规定评价指标和评价方法。要规定有效的评价指标和评价方法，决定因素又在于要以科学的理论依据和长期积累的丰富的评价经验为基础。只有建立在科学的理论和有效的实施方法的基础上，课堂教学评价才能实现激励、促进教师的发展和教学质量的提高。

（一）教学评价的历史发展轨迹

19世纪末西方产生了运用心理测量和教育的评价手段。它以教育教学内容为目标对象，以心理学、教育学为理论基础，用教学统计等手段对教育、教学内容和宏观目标的程序作出评价。

具有代表性的教学评价理论主要有五种。

1. 泰勒的评价理论

泰勒（Tyler，W.R.）的早期评价理论认为，评价是“将实际的表现与理想的目标加以比较的历程”。他把学生行为化的实际表现作为教育教学目标进行评价，将学生行为化实际表现的结果与原来设定的教育教学目标进行对比评价。泰勒的教学评价是以学生实际的行为表现是否达到预先设定的教育教学目标为出发点和归宿。

2. 克龙巴赫等的评价理论

克龙巴赫等主张评价的中心不仅是目标，更是决策。评价是为决策提供信息的。

3. 斯克里芬等的评价理论

斯克里芬等的评价理论认为评价是一种既有描述，又有判断的活动。

4. 布鲁姆的评价理论

布鲁姆的评价理论主张评价是测量、评估教育教学目标和教育任务的手段，是一种反馈——矫正系统。

5. 斯塔克的评价理论

斯塔克（Stake R.E.）评价理论的应答评价模式把问题作为评价的先行组织者。应答评价模式要求评价者与课堂教学活动组织的有关人员交谈，了解他们的意向，并与课堂教学活动实际表现进行对比分析，对意向作出应答，发扬优点，改进不足以满足各种人员的需要。

（二）英语课堂教学的评价指标

科学的英语课堂教学评价指标和方法不是凭空想象出来的，而是吸收各种评价理论的精华，特别是研究探索我国英语教学评价的经验教训，总结出符合我国英语教学的评价指标和方法。

英语课堂教学评估表的三个主要特点是：

1. 简明扼要，易于操作

把复杂的课堂教学系统简化成五个指标和十九个因素，简明扼要，具体可行。教师易于操作，并可用以进行自我评析或评析其他教师的课。

2. 定性和定量相结合

指标因素采用五级分制定量评分和评语、总评语的定性分析相结合的方法。定量固然可以使指标和因素量化，具有明显的等级性，但缺乏定性分析的理论的阐明，定量的数据就会显得苍白无力。定量数据结合定性理论分析才能使评析既有数量根据，又有理论阐述，使得课堂评析更具有科学性。评价表前半部分是定量分析，后半部分总评语是定性分析。

3. 积极的导向作用

课堂教学的目的是积极有效地完成课程标准规定的目标任务，这也是课堂教学评价引导的方向。外语课堂教学要发挥学生的主体性，鼓励教师积极发挥主导作用，根据学生掌握英语的心理认知规律进行英语教学；引导学生积极有效学习，活跃思维，积极参与英语交往实践，培养为交际运用英语的能力，发展智慧能力和情意。

（三）英语课堂教学的评价方法

既然英语课堂教学集中体现了英语教育的本质、理论基础、教学指导思想、教学目标、教学内容、教学原则、教学过程、教学策略方法和评价手段，那么科学地评价英语课堂教学的实施，就显得非常重要和困难。英语课堂教学评价的根本目的在于激励改善课堂教学和提高英语教育质量。既然英语课堂教学不仅是教学，而且是一种高超的创造性艺术，更是学生生命火花炽烈燃放的场所。因此，要科学地评价英语课堂教学的实施就显得更为必需和难以捉摸。

课堂教学评价是要通过系统地收集材料、信息，对材料、信息进行分析、比较、加工处理和解释。因此，这既要对实现教学行为目标进行分析、比较、判断，提出决策，也要对教学情境进行描述和作价值判断。

诚然，课堂教学的评价表有其自身的优点，但是试图仅凭一个简明扼要、易于操作的评价表，用以科学评价千变万化、灵活多样、生命焕发的课堂教学还是远远不够的，它只能评价课堂教学的主要的粗略的轮廓。科学评价课堂教学还需不断使用和创建新的课堂教学评价的辅助手段。

1. 定量和定性分析方法相结合

收集课堂教学材料和信息主要有定量分析方法和定性分析方法。

（1）定量分析方法

课堂教学评价模式对十九个因素进行五级分制的定量分析还是比较粗略的，带有一定的主观性。因此，评价人员还需使用为了检查特定的量表和规范的计划记录登记、统计、收集更具体的精确的数据来分析判断问题。用数据定量分析来说明问题，能使评价更具体精确、生动鲜明和具有更高的信度和效度。根据检查特定的目标、事件，选择或设计量表，可以记录收集某一事件在特定的时空范围内产生的情况、频率和结果，用以分析、判断、评价课堂教学和教学模式实施的利弊。

例如，为了掌握教师讲解和学生英语实践时间的比例，就应选择设计一个师生活动评价量表来记录收集教师和学生分别活动的次数、时间和频率，如教师讲解几次，讲解什么内容，每次讲解需花多少时间等。为了更好地观察记录学生在课堂教学活动中行为表现的变化，需要记录有多少学生参与实践活动（小组活动中每位学生参与英语实践活动的情况，应另用量表），每人实践活动的次数、内容以及时间。然后把教师和学生各自英语实践活动的次数、频率、内容、时间进行整理，就能比较客观地评价师生英语实践活动的长处和不足。

①学生引发的问题

学生引发的问题（student-initiated question）是指学生在公开场合问教师的问题。

②阅读或背诵

阅读或背诵（reading or reciting）是指让学生朗诵课文。

③纪律问题

纪律问题（discipline question）是指独特类型的直接问题。教师把提问题作为一种控制技巧，促使学生更好地集中注意力，而不是平常意义上的给其提供一个回答问题的机会。

④直接问题

直接问题（direct question）是指教师问学生，学生不用寻找回答问题的机会。

⑤开放性问题

开放性问题（open question）是指教师通过提问一个公开性的问题以创造一个问答机会，指明由谁回答这个问题，但教师是从举手想要回答的学生中选择一个学生。

⑥大声喊出

大声喊出（call-out）是指教师所问问题给学生创造回答机会，他们没有等到允许回答时就喊出了答案。

⑦过程问题

过程问题（process question）是指要求学生用这样的方式解释什么，即把事实整合起来或显示知识之间的内在关系，最常问的就是“为什么”或“怎么办”。

⑧结果问题

结果问题（product question）寻求引出只有一个正确的答案，用一个词或一个短语就能答出。结果问题通常用what，who，when，where，how many等提问。

⑨选择问题

在选择问题（choice question）中，学生不必作出大量的回答，只需从两个或多个待选项中选出正确答案。

⑩自我参考问题

自我参考问题（self-reference question）是指让学生为课堂讨论作出一些非学术性的帮助，如表演并说明个人经历、个人爱好或感受的问题和要求提出见解或作出预言等。

⑪见解问题

见解问题（opinion question）是指它有点像自我参考问题，通常不止一个答案，可以引出学生对学术问题的见解。

⑫正确答案

正确答案（correct answer）是指如果学生回答的问题让教师满意，这个答案就记为正确。

⑬部分正确答案

部分正确答案（part-correct answer）是指教师觉得学生的回答不完全正确。

⑭不知道

不知道（don't know）是指学生回答“我不知道”或用动作（摇头）表示其不知道。

⑮不回答

不回答（no response）是指学生对教师的提问没有回答（语言或动作儿

⑯对正确答案的肯定

对正确答案的肯定（affirmation of correct answers）是指当学生的回答是正确的或可以接受的，教师就作出肯定。

⑰表扬（praise）：教师超出了平常的只是简单地作出肯定或积极的评价反应，即用言语赞扬学生。

⑱概括

概括（summary）是指教师概括学生的答案（一般说来作为肯定过程的部分）。

⑲无反馈的反应

无反馈的反应（no feedback reaction）是指如果教师对学生的回答不作任何言语或非言语的表示，教师就是在作无反馈的反应。

⑳对不正确答案的否定

对不正确答案的否定（negation of incorrect answers）是指对不正确回答作出的客观反馈，没有进一步传达个人对学生回答的反应。与对正确回答的肯定一样，否定既可用言语表达（“不是”“这不对”“嗯”），也可用非言语表达（轻轻地摇摇头）。

批评

批评（criticism）是指评价反应超出了简单的否定程度，对学生的不正确回答表示很气愤或对学生进行个人的批评。

过程反馈

过程反馈（process feedback）是指表示教师超出了简单地提供正确的答案，讨论得出正确答案的认知或行为过程。

给出答案

给出答案（give answer）是指教师给学生一个答案时用这个术语，但没有过程反馈那样详细。

提问他人

提问他人（ask others）是指在学生不能回答出教师问题的任何时候，为了给该问题找出答案，教师便叫另一个学生回答。

叫出答案

叫出答案（call-out）是指在教师没来得及叫一个学生来回答问题之前，就有学生叫出答案时用这个术语。

重复问题

重复问题（repeat question）是指教师提问一个问题，等了一段时间之后，学生还没有说出正确答案时，教师向同一学生重复问这个问题。

解释或提示

解释或提示（rephrase or clue）是指在这个反馈反应中，教师通过解释这个问题或给学生提供一个怎样回答的线索，提示和保持学生的回答机会。

新问题

新问题（new question）是指当第一个问题没得到回答或回答得不正确时，教师再提一个新问题，虽然新问题与第一个问题密切相关，却是一个完全不同的问题。要求得到新答案的问题就是新问题。

扩充

扩充（expansion）是指教师要求学生对其模糊回答或不完整回答提供进一步的信息（“我想我理解，但告诉我……”）。

（2）定性分析方法

定性分析方法旨在对课堂教学活动过程中发生的事件进行比较全面、综合、集中、深入一致的描述性分析。定性分析着眼于理论观点上的论述。它主要阐明事件发生的理论基础、规律、过程、方法、策略等的效果或有效性的程度等。为了增强所描述理论和观点的可信性和有效性，常以量化的数据加以论证。定性分析方法常带有理论性地对事件的发生、发展、结束、过程作描述分析，并注意收集贮存，以便今后对事件发生、发展和结果作质的分析、判断，为改进课堂教学提供理论依据。

定性分析方法要求评价人员尽量捕捉课堂教学活动中发生的任何事件，并尽量对其作出具体详细和丰富的描述。课后对学生的采访和听课者的交流所获得的资料、信息和事件也是定性分析的好材料。因此，要提高定性分析的质量，关键要善于发现信息和事件，哪怕是细小的、看上去是微不足道的信息和事件也不能放过，然后对其进行信息分析，比较、归纳、推理作出理性的描述。

（3）定性分析和定量分析相结合

定性分析和定量分析两者既有区别又有联系，两者相互依赖、相互联系，互为补充。课堂教学是多维、多层次的结构系统。要客观、科学地评析课堂教学是较困难的。定性分析失之笼统，定量分析评价面窄。没有定性描述的分析，定量分析只是一堆难以说明问题的数据。定量分析获得翔实的数据经理论升华形成定性描述，涉及事件的本质特征，能揭示事物内部的本质联系和规律。同样没有定量分析的具体翔实数据给以论证，定性分析就显得空泛、苍白无力，难以理解和不可信。定性分析有了具体翔实的数据佐证，就能提高理论分析的信度和效度，真正实现理论指导实践的飞跃。

2. 课堂教学活动评价的信度、效度

信度和效度是课堂教学活动评价的关键因素。如果一种评价手段缺乏信度和效度，它就不存在所谓评价。无信度、效度的评价只是浪费时间。信度和效度是相互联系的。评价有了效度，信度就高，评价有了信度，就能促进效度的提高。

评价的效度有内在效度和外在效度之分。课堂教学评价的内在效度主要是指课堂教学的理论依据和教学指导思想，学生主体积极、主动思维构建知识、技能、能力和内化知识结构、网络化心理认知过程的规律性，教学程序和结构内在逻辑的联系性，教师讲解知识、训练技能和组织交流运用的内在联系规律性，以及学生内在的学习动机、兴趣和个性的心理特征等。

评价的外在效度是指学生在课堂教学过程中显现的行为表现，英语听说读写交际活动，设计的具体情境或模拟的语言情境，师生的身体语言、脸部表情显示的积极或消极学习态度以及教师对教学程序的具体操作过程，采用的教学方法，以及达标的效果和评价手段等。

评价的内在效度和外在效度是相互紧密联系的。课堂教学评价的外在表现的有效性需要有内在表现的规律性的理论升华，从而增强外在有效性的信度和力度。课堂教学评价的内在效度只有用外在表现的效度加以论证，内在效度才能更为可靠和可信。因此，英语课堂教学评价既要重视学生和教师教的活动的外在表现有效性，更要重视内在心理认知活动规律性的有效性。实际上，它们的结合也就是理论与实践的结合。实践是理论的基础，理论是实践的升华、飞跃，继而指导实践活动，提高实践活动的效度。

三、英语教学模式的评价

英语教学模式的评价主要从三个指标着手：能否构成模式，同一内容同一模式或不同模式实施的不同效果评价，以及模式的因素分析与评价。

（一）构成模式的主要因素

作为一种英语教学模式必须含有模式的若干主要因素和各因素间具有逻辑的联系性，缺乏这两个基本条件就不能构成教学模式。课堂教学模式一般由下列主要因素组成。

1. 理论依据

理论依据是指以人为本，哲学、语言学、心理学或学习论、教育学、人类学、教学论和教学法等方面的理论。

2. 教学目标

教学目标是指教学和教养目标，认知（语言知识、技能、能力等语言素养）、情意、智力、跨国文化和策略方法等目标。

3. 教学过程

教学过程是指模式结构和程序以及阶段和具体步骤。

4. 教学条件

教学条件主要是指学生、教师、教材、开发资源、现代教学技术手段和教学时空等。

5. 教学策略方法

教学策略方法是指元认知策略、认知策略、情意策略、交际策略、调控策略和资源策略等。

6. 教学评价

教学评价是指评价指标、标准和评价方法措施。

（二）同一目标、内容同一模式或不同模式实施的不同效果

同一目标、内容可以创建多种不同的英语教学模式或者构成教师共同认同的一种教学模式。对于同一目标、内容的教师共同认同的一种模式，重点评价其教学策略方法和创造性的艺术特点，以便更好地完善教学模式。对于同一目标、内容的不同的教学模式则可进行两种或几种模式之间对比、分析与评价，从整体上

把握不同效果的不同模式的利弊。为此，首先要深切把握各种模式的理论基础的科学性和先进性，提炼出符合现代教育理论的精髓理论和观点；其次探讨各种理论如何设置特定因素和因素之间的关系，如何构建静态的结构和动态的模式程序、阶段和步骤，进而论证各阶段步骤中为实现教学目标提出的操作要领、过程、策略方法的合理性和科学性；最后经过更多实验修正、筛选总结、归纳出较为科学的课堂教学模式。

（三）模式因素和因素关系的分析评价

既然任何一种英语教学模式都由若干基本因素和因素关系组成，那么评价一种英语教学模式的有效性就需对该模式涵盖的所有因素进行全方位整合性评价。只有对模式的各因素和各因素之间的联系作全面、整合、深刻、详细的评价才能收到比较好的效果。但事实上由于精力和时间的限制，我们往往不可能对所涵盖的有关因素及其逻辑联系的关系作全面、整合、深刻、详细的评价，只是对模式实施过程中的表现特别鲜明、精彩或突出的问题的因素进行评析，只能在模式实施过程中选择几个重点因素及其逻辑联系进行评价，诸如，理论基础、教学目标、过程、步骤等。其中，课堂教学模式核心因素和程序步骤是评价的重中之重。

（四）英语教学模式评价和课堂教学评价相结合

无论是在日常工作，还是刻意专业地对英语教学模式进行评价，即使对教学模式所涵盖的全部因素及其内在联系性作出全面、整合、深刻、详细的评价，也难以深刻评价出模式的有效性。它还必须借助课堂教学评价，尤其是定量分析和定性分析相结合的手段作补充和配合，才能收到比较科学的效果。因此，在进行课堂教学模式评价时，评价人员还需同时使用课堂教学评价手段，使英语教学模式评价和课堂教学评价有机结合。

第三章　大学英语教学改革的方向与趋势

第一节　传统大学英语教学的特征与局限

大学英语教学是我国高等教育的重要组成部分，大学英语课程是大学生的一门必修基础课程，在人才培养方面具有不可替代的重要作用。随着社会和经济的发展，对高等教育的人才培养也提出了新的要求和挑战。近年来，我国高校日益认识到培养具有国际视野和国际竞争力人才这一需求的紧迫性。培养具有专业知识和英语技能的高素质国际型人才，对我国的大学英语教学模式提出了新的要求。目前，传统的大学英语教学已经无法适应新型外语人才培养的需要，教学中存在的问题和局限性在很多方面均有体现。

一、教学目标定位模糊

我国传统的大学英语教学目标一直定位在基础英语。

大学英语课程作为大学生的一门必修基础课程，很多高校都规定学生在完成大学英语相关课程的学习后要参加全国大学英语四、六级考试，其中还有不少大学把四、六级考试成绩与学位挂钩。这样一来，学生就很自然地把大学英语的学习目标定在通过四、六级考试，把四、六级考试的成绩作为检验英语水平和教学成效的标准，大学英语教学因此在很大程度上被引向应试的方向。应试于是成了绝大多数学生学习英语的主要动力。这种工具性的学习动机使学生的学习兴趣和乐趣尽失，丧失了学习的积极性和主动性，造成后续的学习效率低下、教学收效甚微的局面。

二、课程设置单一僵化

由于传统的大学英语教学目标一直定位在基础英语，长期以来大学英语的课程设置都是基于对语法和词汇等语言基础知识的传授和对听、说、读、写等语言技能培养而设计的。因此，英语课程的类型单一，主要包括一、二年级阶段开设的大学英语精读课程、泛读课程、听力课程、口语课程、写作课程。即便是上述这些课程，很多高校也不能完整全面地开设。不少高校将这几门培养不同语言技能的课程压缩为一门《综合英语》课程，寄希望于这一门课程能帮助学生掌握相关的语言知识，培养学生综合的语言能力。

语言是文化的载体，是人与人之间交流思想的媒介，与英语紧密相连的还有其承载的政治、经济、社会、历史、地理、文化、科学、技术、学术、教育等方方面面的内容。传统的大学英语教学忽视了语言的这种重要功能，片面地、割裂地强调语言知识与技能的传授，将语言学习和语言承载的文化等实质内容割裂开来，造成语言学习的过程单调乏味，大大降低了学生学习英语的兴趣和积极性。

三、教学模式简单保守

除了大学英语教学目标的定位不明确、大学英语课程设置单一，传统的大学英语教学模式也同样影响着学生学习英语的兴趣和动力，是造成英语学习成效低下的另一个原因。从我国的现实情况看，20世纪90年代以前的大学英语教学模式基本上都是以教师为中心的教学模式。在这种教学模式下，教师是英语知识和技能的传授者，是主动的施教者，并且监控整个英语教学活动的进程；学生是英语知识和技能的传授对象，是外部刺激的被动接受者；教学媒体是辅助教师教学所用的简单的演示工具；英语教材几乎是学生的唯一学习内容，是向学生传输英语知识和技能的主要来源。

不可否认，这种模式的优点是有利于教师主导作用的发挥，便于教师组织和监控整个英语教学活动进程，有利于系统地讲授语法、词汇等语言知识，也在一定程度上能发展学生的听、说、读、写等语言技能。但是，这种教学模式有一个严重弊病：由教师主宰的大学英语课堂教学，忽视了学生英语学习的主体作用，同时也将语言的学习与社会和文化隔离开来，降低了英语学习的趣味性和实用性，影响了学生英语学习的主动性和能动性的发挥，不利于培养学生实际综合运用语言的能力，也不利于培养具有创新思维和创新能力的人才。

在这种教学模式下，强调学习英语的过程就是要消化、理解老师讲授的学习内容，把学生当作语言知识灌输的对象，机械地培养对语言技能的掌握，忽视了学生是有思想、有感情、需要和能够交流的人，是具有主观能动性、自主性和创造性思维的人。正式因为受这种以教师为中心的教学模式长期潜移默化的影响，造成学生在学习中盲目、被动、消极的状态，作为学习主体的学生其主动性无从发挥，严重影响了大学英语学习的成效。

四、教学效果不尽如人意

有学者基于大学英语教学现状的调查研究指出，尽管外语学界对大学英语教学费时低效的提法有很大的争议，但有两个事实不能回避：一是我国大部分学生都花费相当多的时间在英语学习上，以至于在一定程度上影响到专业知识和技能的学习。国家语委曾经对全国大学生的一项调查发现，大学生用他们全部学习时间的1/4以上学外语（主要是英语）的比例很高，这个比率达到了65%以上；有不少学生投入的时间还要更多。二是我国大学生花了这么多时间学习英语，但到毕业时整体的英语水平并没有显著的提高。这一问题最突出的表现为：虽然不少学生在大学期间通过了大学英语四、六级考试，但其实际运用英语的能力并不高，甚至是很低。这种状况在使用英语进行交际的过程中一览无余。实际情况表明，大学生通过大学英语学习所获的语言知识和语言技能，在毕业后仍旧无法满足实际工作中使用英语进行交流或交际的现实需要。因此，我们可以得出结论：传统的大学英语教学确实是费时低效、收效甚微的。

随着社会和经济的进一步发展和高等教育改革的深入开展，我国很多大学将高等教育的目标定位在培养具有国际视野和国际竞争力的专业人才方向，即培养能将专业知识和英语知识、技能有机结合起来的高素质国际型人才。在这种高等教育目标的指引下，全国各类高校对大学生英语能力的培养也产生了更加具体而明确的要求。在这种背景下，对大学英语教学的改革逐渐提上日程。

第二节　转型期大学英语教学的现状和问题

目前，我国的大学英语教学正在进入一个重要的历史转型时期，即从规范的统一教学向多元化教学发展。转型期的大学英语教学呈现出以下特点与问题：

一、教学目标定位逐渐明确

进入20世纪90年代后，大学英语教学改革陆续在全国范围内展开。随着近年来国际交流日益频繁和社会对大学人才培养要求的变化，教育部重新修订的《大学英语课程教学要求》（以下简称《课程要求》），重申大学英语教学是高等教育的一个有机组成部分，大学英语课程是大学生的一门必修的基础课程。《课程要求》指出，大学英语应该以外语教学理论为指导，以英语语言知识与应用技能、跨文化交际和学习策略为主要内容，并集多种教学模式和教学手段为一体的教学体系。大学英语的教学目标是培养学生的英语综合应用能力，特别是听说能力，使他们在今后学习、工作和社会交往中能用英语有效地进行交际，同时增强其自主学习能力，提高综合文化素养，以适应我国社会发展和国际交流的需要。可以看出，《课程要求》突出了英语作为交际工具的实用功能，明确了大学英语教学的重点在于培养英语实际交流能力，特别是基于工作需要的专业英语能力的培养。

与此同时，由于我国幅员辽阔，各地区、各高校之间情况差异较大，《课程要求》指出，大学英语教学应贯彻分类指导、因材施教的原则，以适应个性化教学的实际需要。《课程要求》在此基础上进一步提出了我国高等学校非英语专业本科生经过大学阶段的英语学习与实践应当选择达到的三个层次的标准，即一般要求、较高要求和更高要求。一般要求是高等学校非英语专业本科毕业生应达到的基本要求；较高要求或更高要求是为有条件的学校根据自己的办学定位、类型和人才培养目标所选择的标准而推荐的。各高等学校应根据本校实际情况确定教学目标，并创造条件，使那些英语起点水平较高、学有余力的学生能够达到较高要求或更高要求。由于大学英语教学目标定位日益明确，有利于全国各类高校根据本校具体人才培养目标的需要，实施相应的大学英语教学改革，以培养出新型的外语人才。

二、课程设置日益多样化

在过去相当长的一段时期内，我国对传统大学英语教学的改革一直在持续地进行，但这些改革基本上是在原有课程体系框架下进行的局部调整和有限的增补工作，主要是改革一些语言技能课程的教学方法和教学内容，增减某些语言技能课程的课时数量，开设个别讲授语言文化等内容的英语课程，等等。这些改革对改善传统大学英语的不利状况起到了积极有效的作用，在一定程度上提高了教学质量，拓展了学生的语言知识和技能。但随着时代的进步和高等教育的发展，上述大学英语教学改革方式和力度，显然已经不能满足新的人才培养目标的需要。因此，在全国范围内普遍出现了各大高校对大学英语教学进行改革的局面，有学者将大学英语教学改革的这一时期称为转型期。

转型期很多高校日渐意识到，大学英语课程不仅是一门语言基础课程，也是拓宽知识、了解世界文化的素质教育课程，兼有工具性和人文性，在设计大学英语课程时开始考虑对学生的文化素质培养和国际文化知识的传授。转型期的大学英语教学改革逐渐摆脱了传统大学英语教学中英语课程设置单一的局面，陆续开始进行英语课程体系的开发和建设。具体看来，很多高等学校根据实际情况，按照《课程要求》和本校的大学英语教学目标逐步设计出适合本校需要的大学英语课程体系，将综合英语类、语言技能类、语言应用类、语言文化类和专业英语类等必修课程和选修课程有机结合，使不同层次的学生在英语应用能力方面得到充分的训练和提高。

与此同时，很多高校在大学英语课程的设计过程中充分考虑到听说能力培养的要求，对大学英语教学给予足够的学时和学分，并开始在教学中使用先进的信息技术，积极开发和建设各种基于计算机和网络的课程，为学生提供良好的语言学习环境与条件。

三、教学模式日趋多元化

转型期大学英语教学的改革在教学手段上、教学模式和教学内容均有体现。从教学手段看，教学中已广泛使用现代化的网络、计算机和多媒体教育技术；从教学内容和教学模式看，传统的以教师为中心、单纯传授语言知识和技能的教学模式已经逐步向以学生为中心、注重培养语言运用能力和自主学习能力的教学模式的转变。任务型语言教学模式、主题式语言教学模式、计算机和多媒体辅助的语言教学模式、基于网络的语言教学模式、双语课程的教学模式，以及以英语作为教学语言的专业英语教学，都陆续进入高等教育英语教学领域，教学模式呈现出多元化的趋势。但是在转型期的这个阶段，对大学英语教学模式的定义和运用稍显混乱。

概括而言，“教学模式”是指在一定的教育思想、教学理论、学习理论指导下的教学活动进程的稳定结构形式，是教学系统基本要素（包括教师、学生、媒体、教材、评价等）相互联系相互作用的具体体现。作为结构框架，突出了教学模式从宏观上把握教学活动整体及各要素之间内部的关系和功能；作为活动程序则突出了教学模式的有序性和可操作性。教学模式是再现现实的一种理论性的简化形式，是通过对教学系统运行过程的分析，运用系统方法总结出的教学理论简化形式。选用恰当科学的教学模式，有利于在教学中从整体上去综合地探讨教学过程中各因素之间的相互作用及其多样化的表现形态，以动态的观点去把握教学过程的本质和规律，对加强教学设计、研究教学过程的优化组合也有一定的促进作用，能有效地提高教学成效。

多年来我国大学英语教学改革取得了不小的成绩，但是并没有实质性的重大突破，其原因在于这些改革只注重了教学内容、手段和方法的改革，而忽视了教学模式的改革。教学内容、手段、方法的改革固然很重要，但却不一定会触动教育思想、教与学理论这类深层次的问题，只有教学模式的改革才能触动这类问题。教学模式的改革主要是为了改变以教师为中心的教学模式，创建新型的、既能发挥教师主导作用又能充分体现学生主体地位的“主导—主体相结合”教学模式，以便激发学生的主动性、积极性与创造性，从而使创新人才培养的目标落到实处。由此可见，教学模式的改革对深化我国大学英语教学改革具有重要的现实意义。为此，应着手研究大学英语教学模式改革所涉及的关键问题和环节，发现英语教学改革中遇到的实际问题和困难，并在此基础上寻找科学而有效的解决方法和途径，形成新型的、能够培养出时代需要的外语人才的大学英语教学模式。

在大学英语教学的转型期，很多高等学校开始利用现代信息技术，采用基于计算机和网络的英语教学模式，改进了以教师讲授为主的单一教学模式。这种新的教学模式以现代信息技术，特别是网络技术为支撑，使英语的“教”与“学”可以在一定程度上不受时间和地点的限制，朝着个性化和自主学习的方向发展。在新型的教学模式下，特别注重培养学生自主学习的能力。但是，就转型期高校英语教学的现状看，自主学习的开展似乎出现了盲目的趋势。有些高校忽视了学生自主学习能力仍旧薄弱的现实，在缺少对自主学习进行规范管理的情况下，过度依靠多媒体教室，大幅度缩减课堂面授的课时，导致教学资源的无效实用、教学效果低下。还有的错误的将自学和自主学习混为一谈，忽视教师的作用，对学生放任自流，要求学生设计自主学习的方式，忽视语言知识的学习，最终无法实现预期的教学目标。针对上述问题，培养学生自主学习能力需要一套科学全面的评价体系，帮助教师客观准确的了解和分析自主学习所需要的环境条件，进而设计和实施有利于培养学生自主学习能力的具体可行的方案，最终实现自主学习能力培养的目标。

四、外语人才培养强调个性化

一般情况下，同一所高等院校的大学生有可能来自全国不同的地区，而分布于全国各地的高校在办学条件和英语教学水平方面表现出很大的差异性，学习者的英语水平和各项语言技能的发展呈现出不平衡的、多层次的状况。中国有一千多所高校，人才培养的规格和要求各不相同，对英语水平和能力的要求也应该不同，英语对其专业学习、职业发展的作用也应该完全不一样。因此，各校的大学英语教学的定位和侧重点也应该完全不同。大学英语教学应该为各校特色办学、分层次办学、培养特色或特殊人才服务。

在转型期，全国各地的不同高校都在致力于对大学英语教学改革进行有意义的实践。在特色教育的大方向下，不同类型和层次的大学努力探索适合社会不同需要的、具有自己特色和优势的大学英语教学模式，培养出既掌握专业又懂得英语的高素质、复合型人才。

第三节 新形势下大学英语教学改革的走向

随着社会经济的发展和科学技术的进步，人类进入了信息社会的发展阶段。信息社会的来临，对教育教学提出了新的人才培养目标和挑战，同时也为教育的发展提供了新的机遇和有利条件。近年来，随着计算机、多媒体和互联网教育应用的飞速发展，高等教育的内容和形式发生了重大的变革，大学英语教学的内容和模式也随之发生了很大改变。为了适应新形势下人才培养的需要，我国高等院校纷纷对大学英语教学进行了新一轮的改革，这一时期的改革呈现出新的趋势和走向。

为了了解现阶段我国大学英语教学改革的趋势和走向，著者所在的国际关系学院外语学院组织了对我国高校大学英语教学改革的调研活动，为本校的教学改革寻找思路和方向，以期在此基础上制定一套适合本校需要的、具有自我特色的、切实可行的改革方案。调研的内容涉及大学英语教学的诸多方面，包括改革的初衷和定位、改革的主要内容与形式、改革的重点与难点，以及改革之后在大学英语教学中的课程设置、课程体系、教学模式、评价体系、师资培训等方面发生了哪些重大的变化。

一、重视确立新型的大学英语教学模式

新的教学模式应以现代信息技术，特别是网络技术为支撑，使英语的教与学可以在一定程度上不受时间和地点的限制，朝着个性化和自主学习的方向发展，改进以教师讲授为主的单一教学模式。这种新的教学模式应体现英语教学实用性、知识性和趣味性相结合的原则，有利于调动教师和学生两个方面的积极性，尤其要体现学生在教学过程中的主体地位和教师在教学过程中的主导作用。在充分利用现代信息技术的同时，要合理继承传统教学模式中的优秀部分，发挥传统课堂教学的优势。

《课程要求》还进一步指出，改革传统的教学模式进行，实施新型的教学模式的目的之一是促进学生个性化学习方法的形成和学生自主学习能力的发展。新教学模式应能使学生选择适合自己需要的材料和方法进行学习，获得学习策略的指导，逐步提高其自主学习的能力。因此，教学模式的改变不仅是教学方法和教学手段的变化，而且是教学理念的转变，是实现从以教师为中心、单纯传授语言知识和技能的教学思想和实践，向以学生为中心、既传授语言知识与技能，更注重培养语言实际应用能力和自主学习能力的教学思想和实践的转变，也是向以培养学生终身学习能力为导向的终身教育的转变。

由于计算机、多媒体和互联网的普及，可获得的教学资源愈来愈丰富，现代信息技术应用在教育和教学领域的重要性日益为人们所认识。目前，随着多媒体和互联网技术的迅猛发展，建构主义的学习理论与教学理论在西方日渐风行。建构主义学习理论主张以学生为中心，强调学生是信息加工的主体，是知识意义的主动建构者；认为知识不是由教师灌输的，而是由学习者在一定的情境下通过协作、讨论、交流、互助等学习方式，并借助必要的信息资源由学习者主动建构的。在建构主义学习环境下，“探索式”“发现式”与“合作式”的学习过程是学生掌握学科内容的基本途径，也是以学生为中心教学模式中的基本教学形式。

随着计算机、多媒体和互联网等现代信息技术教育应用的飞速发展，建构主义学习理论正愈来愈显示出其强大的生命力，并在世界范围内日益扩大其影响。建构主义之所以能得到迅速推广，主要是因为计算机、多媒体和网络技术等现代信息技术为建构主义学习环境的实现提供了最理想的条件；而建构主义学习理论与教学理论则为多媒体和互联网在教学中的广泛应用，以及以学生为中心的教学模式的推广，提供了坚实的理论基础。在先进的建构主义教育理论的指导下，有利于实现信息技术与课程的整合，能够把以计算机及网络为核心的信息技术，作为教学环境的创设工具和促进学生学习的认知工具，应用到各学科教学过程中。这就有利于将各种教学资源、教学要素和教学环节进行重新建构，相互融合，提高教学质量，促进传统教学方法的变革。

信息技术与课程整合是我国21世纪基础教育教学改革的一个新途径，与学科教学有着密切的联系和继承性，同时又是具有相对独立性特点的新型教学模式类型。信息技术与课程整合，不是把信息技术仅仅作为辅助“教”或辅助“学”的工具，而是强调要把信息技术作为促进学生自主学习的认知工具和情感激励工具，利用信息技术所提供的自主探索、多重交互、合作学习、资源共享等学习环境，把学生的主动性、积极性充分调动起来，使学生的创新思维与实践能力在整合过程中得到有效的锻炼，这正是创新人才培养所需要的。由此可见，信息技术与课程整合是改变传统教学模式、实施创新人才培养的一条有效途径，也是目前国际上基础教育改革的趋势与潮流。

目前，很多高校在大学英语教学中都非常注重学生自主学习能力的培养，重视大学英语第二课堂的建设。

二、在学分制下建立大学英语课程体系

传统的大学英语教学目标一直定位在基础英语，长期以来大学英语的课程设置都是基于对语法和词汇等语言基础知识的传授和对听、说、读、写等语言技能培养而设计的，造成大学英语课程的类型单一。这种课程设置本身也缺乏科学性，

并直接造成学习过程单调乏味，学生缺乏学习的兴趣和动力，使得学习效率低下。在当前大学英语教学改革的过程中，很多高校不再把大学英语课程单纯地定位为一门语言基础课程，而是把大学英语课程的设置与实施素质教育的通识课程和培养专门人才的专业课程有机结合起来。

需要指出的是，大学英语课程与其他通识课程和专业课程的结合是在学分制下进行的。在学分制状态下，由于实行了选课制，学生可以根据自己的能力、兴趣和需要比较自由地选择课程，自主制订学习计划，确定一个适合自己的课程体系表。大学英语课程通过与通识课程和专业课程的结合，摆脱了传统大学英语教学中英语课程设置单一的局面，既解决了大学英语的学分和学时不足的矛盾，又充分利用了语言兼有工具性和人文性的本质特点，为学生拓宽知识面、了解世界文化，提高人文素质和专业素养创造了有利条件。

目前，很多高校的大学英语教学改革都是从确定大学英语教学目标、开发和建设大学英语课程体系入手，并逐步形成了适合本校教学需要的、具有本校特色的大学英语课程体系。通常各高校将综合英语类和语言技能类的课程设置在大学一、二年级的基础阶段；语言应用类、语言文化类和专业英语类课程设置在三、四年级的高级阶段，这类课程通常和通识课程以及专业课程（以英语或英汉双语作为教学语言）的学习结合起来开设；英语课程的学习采取必修课程和选修课程有机结合的形式，使不同层次的学生根据个人的兴趣和需要，在英语应用能力方面得到充分的训练和提高。

三、实行大学英语分级教学和因材施教

我们在大学英语教学改革的过程中还应当认识到，外语教学的过程涉及许多变量的综合作用与影响，有认知因素（包括智力水平、语言学习潜能、学习方法与策略等），有心理因素（包括年龄、性别、性格、情感等），有社会因素（包括学习动机与态度、学习环境、社会环境、民族认同感等），有教育因素的（包括课程设置、教师水平、教学方法、班级大小等）。这些变量交织在一起并相互影响、相互作用，使外语教学的过程变得极为复杂，目前很多高校根据因材施教的原则，结合本校外语人才培养的具体目标，在大学英语教学中实施了分级教学。具体而言，学校通常会在新生入学时在全校范围内进行新生英语分级考试，这是实施大学英语分级教学的必要步骤和重要依据。实施分级测试的主要目的是根据学生的测试结果按程度进行分班，以便之后的教学内容和进度的安排，使不同英语水平的学生进入不同的英语课程和教学班级进行学习。例如，清华大学新生入学的分级考试采用了北京市新生入学英语分级考试试卷，根据学生的考试成绩的情况，将学生分为五个不同层次：预备级（60分以下）；1级（60～70分）；2级（70～80

分）；3级（80～85分）；4级（85分以上）。根据分级考试成绩，五种不同语言水平的学生分别进入外文系开设的不同层次、不同类别的学术英语系列课程（即必修课组课程），以及英文素质提高课程（即选修课组课程），以培养学生国际学术交流能力，提升语言相关的人文素质，培养和提高自主学习能力，支撑专业英语学习。实施分级教学，既可以结合学生的语言水平和兴趣及需要进行因材施教，同时也有利于提高教学效率，优化教学环节，实现人才培养的个性化目标。

四、重视大学英语教材体系的研究和开发

教材是实现英语课程教学目标的重要材料和手段。教材为学生提供的语言材料是学生学习语言知识和发展语言技能的重要来源，教材中的语言实践活动和练习是学习语言知识和发展语言技能的重要过程和途径。选择和使用合适的教材是完成教学内容和实现教学目标的前提条件，高水平、高质量的教材对教师、学生、教学过程和教学结果都起到积极的作用。

目前，随着大学英语教学改革的深入和推进，大学英语教材体系也发生了翻天覆地的变化。英语教材在内容和形式上更新颖、更先进，而丰富多样的英语教材在推动大学英语课程改革方面发挥了重要作用。与此同时，外语教育界的学者和一线教师对教材的认识也发生了显著的变化。在大学英语改革的过程中，对教材研究重视和感兴趣的学者和教师越来越多。例如，复旦大学在改革传统的大学英语教学内容、实施学术英语教学和专业英语教学的过程中，特别重视对于新课程体系下的英语教材的设计和开发，目前已经出版了一套“高等学校专门用途英语（ESP）系列教材”，对基于其他类型的课程而设计和编写的系列教材的也在进行过程中。而清华大学目前结合课程的教学，编写和出版一套适用于本校教学需要的学术英语系列教

大学英语教学改革使得教材格局逐步向开放和自由的方向发展，教师和学校在教材的编写、选择、使用等方面拥有更多的自主权。新的教材制度和格局对广大英语教师和英语教学研究者来说既是机遇又是挑战。为了把握机遇，应对挑战，各大高校应该积极开展有关英语教材的编写、评价、选择和使用等方面的理论和实践研究，挖掘自身潜力，为将来能够在英语教材的编写、选择、使用的过程中发挥应有的作用而创造条件。

五、注重改革和完善大学英语测试与评价体系

大学英语教学改革在英语教学理念、课程设置、课程教材、教学方法、教学手段等方面深入进行的同时，很多高校认识到对大学英语测试和教学评价方式的改革也势在必行。大学英语测试与评价体系的配套改革问题，对整个大学英语改

革的成败有重要影响。教育部颁布的《课程要求》指出，教学评估是大学英语课程教学的一个重要环节，全面、客观、科学、准确的评估体系对于实现教学目标至关重要。教学评估既是教师获取教学反馈信息、改进教学管理、保证教学质量的重要依据，又是学生调整学习策略、改进学习方法、提高学习效率和取得从大学英语教学整个过程看，健全和完善的大学英语测试和评价体系应该包括起始性、形成性和终结性评价。但是，传统的大学英语教学中往往只关注和普遍接受终结性评价所传递的信息，而这种信息却往往远离教学的实际情况，不能全面而客观的反映教学中存在的问题。目前，很多高校已经意识到终结性评价的不完整性，如忽视学生的学习过程和他们日常的学习行为表现。由于终结性评价方式是以考试成绩作为最终评价标准，这无疑在某种程度上强化了分数的作用，使得相当一部分学生学习英语的动机就是为了升学或考试。这种工具型的学习动机，显然不易激发学生学习英语的积极性和持久性。同时，这种评价体制也极大地挫伤和遏制了英语教师对语言教学内容和方式进行改革和探索的积极性、能动性和创造性。

很多高校由此认识到，除非改变大学英语测试和教学评价的方式，否则就不可能根本改变教学的方法与过程。为了适应大学英语教学改革的需要，不少高校专门成立了测试团队，负责对本校的大学英语测试和评价体系的改革工作。例如，清华大学成立了专门的测试命题小组；对外经贸大学正在酝酿建设大学英语测试题库；上海交通大学和华东师范大学也组建了各自的测试研究团队。改革的重点是健全和完善已有的大学英语测试与评估体系，规范已有的终结性评价（主要是基于课程的学业/成绩考试），逐步加大形成性评估在整个教学评价体系中的比重，使形成性评价和终结性评价有机结合起来。

六、重视大学英语师资队伍的建设

教师是教育教学改革的重要媒介，是改革成败的关进因素。优秀的外语教师是外语学习环境下培养优质外语人才的根本条件。有了好的教师，课程可以改革，教材可以更新，教法可以调整，学生可以快速进步。没有合格的教师，先进的教学理念也会在执行中走形，精品教材也会成为应试的工具，学生的学习兴趣和动力无法保持，最终成为应试教育的牺牲品。教师在教学中的重要作用，是由教学的本质决定的。

目前，在大学英语教学改革的过程中，全国各大高校日益重视对英语师资队伍的建设。在聘任制体制下，各高校更加重视候选人的专业功底，而不仅仅关注教学能力和教学技能。同时，也非常重视考查教师的研究能力和团队合作精神，这有利于组建一支高效的教学与科研能力俱佳的师资队伍。在教师管理方面，更加重视对教师教学与科研条件的保障工作和目标验收，注重教师培训和学术交流，不断扩大教师的学术视野，了解学科发展前沿。此外，还积极鼓励教师申请研究课题，加入由科研骨干牵头的、高水平的研究团队，帮助教师进入各自专业的学术研究主流。在笔者所调研的高等院校中，不少大学（包括清华大学、对外经贸大学、上海交通大学、上海外贸大学等）明确规定，每年支持一定数量的英语教师在国内外进行专业领域的深造，或者定期给英语教师提供学术休假的机会。

七、大学英语教学的个性化和特色化日益凸显

随着中国日渐深入地融入国际社会，以及参与国际事务进程和步伐的加快，国家对既精通专业又擅长外语、具有国际视野、通晓国际规则、能够参与国际事务和竞争的国际化、创新型人才的需求越来越迫切。随着社会对人才培养的要求的不断发展变化，教育部正组织外语教育的专家、学者重新制定新的《大学英语教学指南》。该指南出台后将取代现行的《大学英语课程教学要求》，以适应国家对新型外语人才培养的需要，指导新形势下的大学英语教学。

传统的大学英语教学已经无法满足新的人才培养目标的需要，因此必须进行改革。在大学英语教学改革过程中，很多高校在注重保持原来大学英语教学优良传统的同时，也在努力进行大胆的探索与革新，敢于形成新的特色与优势，以适应培养新型的既精通专业又能熟练运用外语的复合型国际人才。很多高校明确提出大学英语教学要朝着个性化和特色化的方向发展，这是和各个高校各不相同的高等教育人才培养目标紧密相关的。例如，外交学院、对外经贸大学、北京第二外国语大学等高校由于学校设置的专业对外语水平要求高，外语教学的起点高于一般大学，其大学英语教学的特色性很强。目前，这些大学非英语专业学生的大学英语教学仍然采取外语类院校的教学方式，即非英语专业学生修读英语专业学生的绝大部分课程，其毕业生培养目标最接近专业加英语的理想状态，培养出来的人才既是精通专业又熟练掌握英语的复合型人才。

此外，我国不少实力较强的综合类大学也逐渐形成了具有自身特色的培养模式。这类大学在明确学校人才培养目标的前提下，根据学校特点制定出相应的大学英语培养目标，然后进行一系列相关的配套改革。例如，复旦大学、清华大学、中国政法大学等高校根据自身研究型大学的定位，确定大学英语教学的主要内容是学术英语，将增强国际学术交流能力作为大学英语教学的重要目标，并通过分级教学实现不同层次学生英语能力的提升。这类培养模式大学英语教学的课时少于第一种“专业+英语”的模式，但基本保证了大学英语教学的“四年不断线”，是学生的英语水平在四年的学习中逐步提高。目前，仍然有一些综合类大学继续沿袭了传统的大学英语教学培养模式。这种模式培养目标仍然还不是十分明确，英语的课时偏少，课程设置单一，学生对教学效果普遍满意度不高。应该说，当

前的大学英语教学状况处在一个改革变化的时期，这个时期各高校大学英语教学逐渐开始分化和分流，很多高校的大学英语教学逐渐形成了鲜明的特色与个性。

第四章　基于网络多媒体的大学英语教学模式的新发展

随着信息技术的改革与发展，基于网络多媒体的大学英语教学已经在大学英语教学中逐步运用。网络多媒体环境下的大学英语教学模式已经取代了传统的“满堂灌”式的教学模式，而是通过图文并茂、互助、合作交流的模式展现于学习者面前。因此，本章就对基于网络多媒体的大学英语教学模式的新发展进行探讨，主要介绍三种经典教学模式：翻转课堂模式、微课模式、慕课模式。

第一节　大学英语翻转课堂模式

一、大学英语翻转课堂的内涵

（一）翻转课堂的概念

对于翻转课堂概念的界定，学术界里还未形成一个统一的概念。目前，有一部分人对翻转课堂的认识还停留在对其实施过程的描述层次上，所以对翻转课堂内涵的深入剖析还是很有必要的。“翻转课堂”一般又被称作“反转课堂式教学模式”，这里的“反转”是相对传统课堂式教学模式而言的。国内外对于翻转课堂的概念有不同的解释。

在美国科罗拉多州举办的翻转课堂大会上，Jonathan Bergmann 协同与会老师就翻转课堂是什么作出定义。他们认为：翻转课堂是一种手段，它增加了学生和老师之间互动化和个性化的接触时间；它是一种个性化的教学环境，在此环境下学生可以得到个性化的教育，学生必须对自己的学习负责，学生的课堂积极性很高；老师不再是讲台上的“圣人”和“独裁者”，而是学生学习的真正指导者；它使教学内容得到保存，学生可随时根据自己的情况进行复习，使课堂缺席的学生不被甩在后面；它是一种混合了直接讲解与建构主义学习的教学模式。此定义在此次大会上解开了翻转课堂教学模式的面纱，这是与会教师智慧的结晶。他们对翻转课堂教学模式作出了实质性的探讨，翻转课堂教学模式是一种手段，翻转课堂教学模式的显著优势是为学生提供个性化的学习环境，他们还对教师在此教学模式下的角色作出明确定义。这种解释侧重于“翻转课堂”的作用，并非一般意义上的定义方法。

也有人说，翻转课堂就是学生在课前利用教师制作的数字材料（多媒体课件、音视频材料等）自主学习课程，然后到课堂上参与教师的互动活动（释疑、解惑、探究等）并完成练习的一种教学形态。但其实这也是将信息技术与翻转课堂结合的产物，并非单纯意义上的“翻转课堂”。即使学生在课前不是利用数字材料而只是利用纸媒材料进行自主学习，依然也已经调换了学习过程所在的空间位置，翻转了课堂。

翻转课堂通常也被称为翻转教学、颠倒课堂、翻转学习、颠倒教室、反转教室、反转课堂、翻转教室等。一般来说，学生的学习过程总体分为两个阶段：第一是知识传递过程，第二是吸收和消化的过程，即知识内化的过程。这两个过程尽管无法严格区分，但总体而言，应是知识传授、知识感知为主的过程在先，知识内化、知识深层次理解的过程在后。传统课堂中，知识传授主要通过教师在课堂讲授来完成，而知识内化则是靠学生通过课后完成作业或实践来完成。

其实，翻转课堂，从字面意思理解，只是将课堂翻转。这样看来，“把原来在课堂完成的知识传递过程改为在课前完成，把原来在课后完成的知识内化过程改为在课堂上完成”，应该是翻转课堂的最基本的定义了。而那些“与信息技术结合”“课前要提供哪些教学资料”“课上应如何组织”等内容，并非翻转课堂的原始要求，而是人们在翻转课堂实施过程中演化而来的内容。翻转课堂要求教育者赋予学生更多的自由，把“知识传授”的过程放在课堂外，让大家选择最适合自己的方式接受新知识；而把“知识内化”的过程放在课堂内，以便同学之间、同学和老师之间有更多的沟通和交流。

在传统教学模式中，信息传递和知识内化分别通过教师的课堂讲授和学生的课下作业、操作实践来完成。而在翻转课堂中，教师赋予学生更多的学习自由，借助网络等多媒体技术，学生使用录制的教学视频，在课下完成知识的讲授阶段，这个过程，学生可以自由选择最适合自己的学习方式，但要确保课前真正发生了较深入的学习；而知识内化过程则被放在了课堂上，这样师生之间、生生之间就可以有更多的交流沟通机会，从而可以通过课堂上的相互碰撞把对问题的探究引入更深的层次。

大多数人理解的翻转课堂只是“课前传授+课上内化”的教学形式。与传统的教学形式相比，该观点却忽略了两个关键点：一是课外真正发生了深入学习；二是课堂上观点能够真正相互碰撞并将对问题的研究引向更深层次。学生观看教学视频并进行课前练习的活动，并不是对知识的简单预习，而是对新知识的深入理解，这就要求录制的教学视频能让学生自学，而且不亚于在课上讲授的效果。在此基础上，学生的知识不能只停留在某一层面上，应该通过学习活动的讨论分享引向更深层次。同时，也应该认识到翻转课堂与在线视频并不是同一个概念，翻转课堂最重要的价值体现在卓有成效的面对面的互动学习活动。

（二）翻转课堂的教学条件

中国高校的课程教学可分为公共课教学和专业课教学。专业课一般按专业小班进行授课，而公共课则多为同专业甚至跨专业授课。从课程内容来看，有的课程重理论，有的课程重实践操作。虽然教学改革的浪潮汹涌，但大多高校在授课形式上却出奇地一致，都依旧是“老师讲，学生听”。教育信息化并未彻底改变高校教学实际，而被过度简单化地误读为多媒体教学，而多媒体教学又往往在教学实践中被再次简化误读为PPT文档演示。

中国高校开展翻转课堂教学，要求大学生能够实现从被动接受到主动探究的根本性角色翻转，高校教师能够实现从课堂主导到课前设计、课中引导、课后辅导的综合翻转，教学手段能够实现从单一多媒体到真正信息化、网络化的立体翻转。

1. 学生从被动接受到主动探究的根本性角色翻转

尽管中国基础教育已经尝试多种改革方案并取得一定的成效，却始终未改变学生作为“听众”的被动接受式学习角色，学生进入大学后，在中小学阶段形成的被动学习习惯在短期内很难改变。翻转课堂中的学生，必须在教师精心设计的教学活动中积极主动地学习：课前自行学习视频，课中积极讨论、主动探索，课后总结经验，深化知识。从构建主义学习观看来，这是一个建构深度知识的课堂，学生是课堂的主角。

换言之，翻转课堂正是一种通过兴趣和求知欲的引导，促使学生主动探究、积极参与，成为学习的绝对主角的教学模式，它有利于达到理想的教学效果，更有利于学生的自我发展。然而，面对早已习惯于“填鸭式”“浇灌式”的莘莘学子，翻转课堂教学必将遇到严峻的挑战。

2. 教师从课堂主导到课前、课中、课后的综合翻转

“颠倒教室”并不是学生毫无组织的、自由的、随意的学习，而是在教师精心设计的教学活动中积极主动地学习。因此，较之传统教学中单凭口头讲授、板书引导的教师身份，翻转课堂中的教师在教学中发挥着更加多维的关键作用。

首先，开展翻转课堂教学的必备条件是课前教学视频及资源的发布，而这些教学视频和资源的研发者就是教师。这就要求教师能够根据课程要求，设计制作逻辑紧密、吸引力强、声像俱佳的视频材料。可见，在课前准备阶段，翻转课堂教学就对教师提出了非常高的要求：不但要结合课程形成独到的教学见解，而且能够运用现代信息技术进行形象生动的演绎，寓教于乐。

其次，翻转课堂教学的课中阶段，通过课堂上的师生交流互动、探讨与质疑解决问题，内化知识。传统教学的“教师一言堂”显然与翻转课堂教学的师生交流及生生交流相悖，开展翻转课堂教学，教师必须做到尊重学生个性，积极引导学生思维，建构开放的课堂。

最后，翻转课堂教学的课后阶段特别强调教师的辅导作用。教师不仅仅是前期教学活动的设计者、组织者，更是学生遇到学习困难时的坚强后盾。课前视频学习是翻转课堂教学的基础，课中讨论对学生知识内化起着决定性作用，而课后辅导则直接决定着学生知识深化的程度。目前中国高校教师的教学、科研任务繁重，他们能否有足够的精力投入翻转课堂教学所需的教学实践中去，能否达到翻转课堂提出的综合教学能力标准，都是开展翻转课堂教学不得不考虑的因素。

3. 教学手段从单一多媒体到真正信息化、网络化的立体翻转

翻转课堂教学从课前到课后都尤其关注师生间的互动反馈，这无疑增加了教师的工作负担，而所有的师生交流和生生交流都需凭借现代信息技术，最大限度地减小由于时间和空间带来的局限性。即使在教育信息化发达的美国，真正实现翻转课堂教学也有一定的难度，因为这不但要求学校具备必需的硬件基础设施，更要求教师真正掌握信息技术。美国艾尔蒙湖小学提出实现翻转课堂教学的前提是“教师能很好地将Moodk平台应用到教学中，使得翻转教学活动能在学生间、师生间良好进行”；克林顿戴尔高中要求“教师利用Techsmith公司的Camtasia Relav（一款录屏软件）将课堂讲授内容录制成视频”；加州河畔联合学区则主张利用iPad进行数字化互动教学。这些学校实现翻转课堂教学的前提条件，中国各学校基本上都不具备。从国内翻转课堂的成功案例看，重庆聚奎中学搭建了视频和学习管理平台，并给所有学生发放了平板电脑；南京行知中学则以全国最大的互联网教育平台沪江网作为其技术支撑。人手必备的学习终端和大型的信息管理平台甚至基于云服务的微课程平台，对于中国目前的多数高校教学而言更像是理想。

翻转课堂教学是出于发挥学生学习主体性而进行的教学方式变革，是授课方式的信息化革命。明确开展翻转课堂教学应具备的基础条件和熟知我国高校的现实，有利于我国高校理性地进行翻转课堂教学尝试，实现教育信息化的目标。教育部颁布的《教育信息化发展规划》强调：以教育信息化带动教育现代化，破解

制约我国教育发展的难题，促进教育的创新与变革，是我国加快从教育大国向教育强国迈进的重大战略抉择；要形成与国家教育现代化发展目标相适应的教育信息化体系，基本建成人人可享有优质教育资源的信息化学习环境，基本形成学习型社会的信息化支撑服务体系。这为翻转课堂教学的全面实施带来了希望。

二、大学英语翻转课堂的特点

（一）翻转课堂的特点

利用视频来实施教学，在多年以前人们就进行过探索。在20世纪50年代，世界上很多国家所进行的广播电视教育就是明证。为什么当年所做的探索没有对传统的教学模式带来多大的影响，而"翻转课堂"却备受关注呢？这是因为"翻转课堂"有如下几个鲜明的特点。

1. 教学视频短小精悍

教学视频共同的特点就是短小精悍。大多数的视频都只有几分钟的时间，比较长的视频也只有十几分钟。每一个视频都针对一个特定的问题，有较强的针对性，查找起来也比较方便；视频的长度控制在学生注意力能比较集中的时间范围内，符合学生身心发展特征；通过网络发布的视频，具有暂停、回放等多种功能，可以自我控制，有利于学生的自主学习。

2. 教学信息清晰明确

"翻转课堂"的教学视频与传统的教学录像的不同之处在于，视频中出现的教师的头像和教室里的各种物品摆设都会分散学生的注意力，特别是在学生自主学习的情况下。因此，翻转课堂的教学视频强调录像环境不要有干扰因素，应采用一对一的讲解方式，让学生感觉教师只是给他一个人在讲课。

3. 重新建构学习流程

教学流程的颠倒无疑是翻转课堂最明显也是最外化的标志。通常情况下，学生的学习过程由两个阶段组成：第一个阶段是"信息传递"，是通过教师和学生、学生和学生之间的互动来实现的；第二个阶段是"吸收内化"，是在课后由学生自己来完成的。由于缺少教师的支持和同伴的帮助，"吸收内化"阶段常常会让学生感到挫败，丧失学习的动机和成就感。翻转课堂对学生的学习过程进行了重构。"信息传递"是学生在课前进行的，老师不仅提供了视频，还可以提供在线的辅导；"吸收内化"是在课堂上通过互动来完成的，教师能够提前了解学生的学习困难，在课堂上给予有效的辅导，同学之间的相互交流更有助于促进学生知识的吸收内化过程。

4. 师生角色的重新定位

教学流程的翻转及信息技术与教育的深度融合都引发了师生角色的改变。教师变成了学习的设计者和推动者，学生成为学习过程的主体和中心。但这并不意味着教师作用的弱化，相反，教师是决定翻转课堂的关键因素，其作用更加重要。

5. 对信息技术依赖程度的增强

学生在课外学习中如果没有信息技术的支持，就难以得到教师的帮助，影响学习效果。无论是教学课件还是教学视频，都需要信息技术的支持才能方便有效地传递给学生。而对于学生课前学习效果的检测，更需要信息技术的支持。这就对教师提出了更高的要求，要不断学习信息知识，提高操作能力。

6. 复习检测方便快捷

学生观看了教学视频之后，是否理解了学习的内容，视频后面紧跟着的四到五个小问题，可以帮助学生及时进行检测，并对自己的学习情况作出判断。如果发现几个问题回答得不好，学生可以回过头来再看一遍，仔细思考哪些方面出了问题。学生对问题的回答情况，能够及时地通过云平台进行汇总处理，帮助教师了解学生的学习状况。教学视频另一个优点，就是便于学生一段时间学习之后的复习和巩固。评价技术的跟进，使得学生学习的相关环节能够得到实证性的资料，有利于教师真正了解学生。

正因为翻转课堂的这些特点，所以它才这么备受关注，才能够更好地帮助学生学习。

（二）翻转课堂的实质

翻转课堂是教育信息化环境中，通过对知识传授和知识内化的颠倒安排、对传统教学中师生角色定位的转换以及对课堂时间使用的重新规划而建构的一种新型的教学模式。

翻转课堂实质就是利用现代教育技术和教学工具，从根本上影响学生的学习方式和环境。这种教学手段是在课前学生自主学习；课上充分利用教学时间，教师与学生进行充分交流；课后总结与检验教学效果。学生需要自己熟悉学习环境和教学内容，不再是完全被动地去学习；教师是教学的参与者与引导者，而不再是知识的权威者与灌输者。翻转课堂改变了传统的教学方式，让教师更了解学生，从而因材施教，同时也颠覆了传统的课堂管理方式。从翻转前后的课堂时间安排来看，很多教育者简单地认为翻转课堂的实质只是颠倒了传统教学流程，把传统课堂上的教师讲解部分移到了课前让学生自己学习；有人还认为这种自己学习其实也只是通过观看视频被动地学习，并没有激发学生的学习主动性。

1. 翻转课堂实质的反向阐述

首先，慕课时代的翻转课堂不是“可汗学院”。尽管“可汗学院”提供了许多优质的视频资源，减轻教师制作视频的压力，让学习者能接触不同教师的教学风格，但在翻转课堂教学中教师所提供的视频都是根据自己学生的具体情况量身定做，而不是简单照搬。视频中穿插的提问、测试以及交互讨论的平台都是为更好地帮助学生掌握知识，感受学习的“沉浸感”，以及建立亲密的师生关系。

其次，翻转课堂不是教师的替代品。翻转课堂的教学视频设计和制作离不开教师的智慧和劳动；同时，了解学生自学环节存在的问题、困难，以及对课堂讨论的设计也离不开教师的参与；此外对于少数不按要求完成学习任务的学生，教师需要付出更多的时间和精力。因此，对于很多研究者在文章中所提到的，翻转课堂使教师变为旁观者，在课堂上陪学生观看自己的授课视频，这样的翻转课堂是伪翻转。相反，翻转课堂真正让教师实现了既备教材，又备学生，腾出宝贵的课堂时间，给教师履行为学生解惑的职能。换句话说，教师是学生身边的“教练”“引导者”，而不是讲台上的“圣人”，它更能增加学生和教师之间的互动和个性化的接触时间，教师的作用比以前更重要了。

另外，翻转课堂不是单纯的在线视频。视频教学是翻转课堂的前提和基础，没有学生高质量的课前学习，课堂环节就无法开展。但翻转课堂的精髓是灵活，这也是视频教学带来的益处。教师有充裕的课堂时间开展多样的教学活动，让学生有机会在具体环境中应用其所学内容，比如，学生创建内容、独立解决问题、探究式活动、基于项目的学习等。

翻转课堂具体到学习过程中每个角色的变化分为六项。在教师方面，由学生学习的引路人和课堂维护者变成了学生学习的指导者。而学生由学习上的接受者转变为了学习上主动研究者。在教学形式方面，由课堂上学与课后练习相结合的方式变成了课前学习与课堂上练习相结合的方式。在课堂内容方面，由教师讲解变为了学生自主探究学习。在知识应用方面，由教师将应用简单地进行展示变成了让学生们自己互相交流，并且在学生互相交流自己知识的应用方式中掌握知识应用的要点。

2. 翻转课堂实质的正向阐述

（1）翻转课堂翻转了教学空间

从已有实践案例不难发现，在翻转课堂教学模式下，教室不再是教师讲授、学生听讲的空间地点，它成为教师帮助学生解答疑问、辅助学生完成学习任务的场所。客观上看，教室与课堂虽依旧是整个教学过程发生的地理处所，但其间完成的教学环节却发生了根本性的变化：传统教学方式下本应由学生独自在家完成的练习，即知识的掌握与内化过程，被转移到课堂上来实现。传统教学中的课堂讲授在翻转课堂模式下凭借现代信息技术的支持，以视频资料等形式于学生到达课堂之前下发，并由学生自行学习并完成相关测试；学生学习的物理空间也不再局限于学校的教室，它扩展到了住所、图书馆等场所。

（2）翻转课堂翻转了教学流程

传统教学流程大致可总结为“课堂教授—作业练习”，翻转课堂的教学流程大致为“学生学习材料—练习测试—教师辅导”。对照传统教学的“老师教在先，学生练在后”，翻转课堂的教学步骤可理解为“学生学、练在先，老师辅导在后”。如此时间概念上对传统教学流程的革命，映射出翻转课堂是对传统教学在观念上更加深刻的变革——对教学过程中主体的重新确立。

（3）翻转课堂翻转了教学主体

传统教学中的主角无疑是教师，课前教师设计课堂，课中教师主导课堂，课后教师通过练习巩固课堂。翻转课堂教学模式下，学生课前完成对教学资源的学习，教师和学生在课堂上一起讨论交流、协同完成各种学习任务。学生在学习中自己发现问题，解决问题，最后在教师指导下，对学习成果进一步总结升华，可见，翻转课堂模式中学生的参与远远高于传统课堂，充分彰显了学生在学习过程中的主体性，学生的学习主动性得以极大提高。较之传统教学中的“教师一言堂，学生被动听”，这种“以学生为中心”的探究式学习特点是翻转课堂在全球范围内大受推崇的真正原因。

（4）翻转课堂翻转了教学形式

从形式上看，翻转课堂教学形式是对传统课堂教学形式中课下与课上环节的颠倒，将传统教学形式中，课上的知识传递过程与课下的知识内化过程颠倒过来，在课前实现知识的传递，在课上完成知识的内化。

布鲁姆等人把认知领域的教学目标分为6个层级，40多年后，布鲁姆当初的合作者克拉斯沃尔对此模型进行了修正。依据该模型来看，在传统教学模式下，第一阶段中的记忆、理解过程发生在课堂上，而第二阶段则发生在课外。然而从第一阶段到第二阶段，知识的难度由低到高，学生所需的思维能力也由低到高。在传统的教学形式下，呈现出有教师陪伴的时候开展低难度的学习，没有教师陪伴的时候却开展了高难度学习的不合常理的现象。而在翻转课堂教学形式中，将第一阶段的知识传递过程提前放到课前，而将高难度的知识内化过程放在师生面对面的课上，将这种不合理现象变得合理。

（5）翻转课堂翻转了教学关注点

从宏观层面上看，翻转课堂获得了信息技术的大力支持，这种支持触发了学校教育模式的整体变革。变革过程中最关键的是教师和学生之间的关系、地位和作用发生了本质性的转变，翻转课堂将传统教学中的以教师为主体转变为以学生为主体，教学流程采用课前在线学习和课上面对面交流、合作的形式，通过课前的知识获取和课上知识的内化，分解知识的难度，增加知识内化的次数，促进学习者知识的有意义建构，实现掌握知识的最终目的。由此，翻转课堂已然使学校和教师由关注课堂教学内容转变为关注学生学习活动的全过程。

三、大学英语翻转课堂模式构建的理论基础

（一）翻转课堂的心理依据

1. 一对一效应，使学生感到教师在教其一个人

学生会感到其个性得到最大尊重，从而感觉更加平等。学生可以暂停、倒推、重复、快进，显得更加人性化、个性化，知识传递时学生按其自己的节奏进阶式学习，并能及时反馈学习效果，知识内化时有教师的辅导、互动和交流。不同的学生可能需要学习的时间不同，那些理解力强的学生可能看一遍教学视频就完全掌握了知识，避免课堂上那种教师为照顾其他同学的感受而放慢教学速度的情况，可以节省更多的时间；而对于一些在课堂上跟不上进度的学生来说，可以反复学习，避免出现那种前一个问题还没理解，教师已经进行下一环节的教学的情况。学生可选择最适合自己的节奏来学习，可以改变那种在课堂上不被关注的感觉。

2. 学习时间可以更灵活，感觉更享受

学生可以足不出户，灵活掌握时间，学习更加省时省力。学生可自由选择上课时间及地点，甚至可以在任何时间和任何地点来学习，比如可以一边走路锻炼身体，一边用手机插上耳机听讲，这样的学习让其感觉更加享受。但要保证环境唯一，保证教学环境唯一性，不受干扰，专心学习。

3. 教学内容能得到永久存档，可用于复习和补课

当学生感到对某些知识点模糊的时候，可以随时复习学过的知识。碎片化的知识点讲解，便于学生翻找，直达目标。

（二）传统学习理论对翻转课堂的支撑

1. 元认知

元认知（meta-cognition）是美国心理学家弗拉威尔（J.H.Flavell）提出的，主要是指对个体的认知活动中知识、体验及行为进行调节和监控的过程，是人类对已知的自我认知。对于学习者来说，元认知主要是指学习者对各自的学习活动所进行的自我意识、评价与调控。它是帮助学习者自我调节各自学习、养成自学习惯的理论，能够培养学习者的创新思维和自主学习能力，促进学习者自主学习效果的优化和完善。此处所谈的元认知理论，是指学生在管理自己的学习时所使用的各种策略。

在翻转课堂中，学习者在课前自定步调、自定学习时间和学习地点来完成基

础知识的学习，自主学习时如何有计划地完成自主学习、如何利用各种有利因素促进高效学习的发生、如何对自己的学习过程进行监控、如何对自己的学习过程及学习结果进行评价等都属于学生元认知的范畴，并且翻转课堂中的知识内化部分也离不开学生元认知内驱力的推动和促进。可见，在翻转课堂中，元认知是学生自我监控并巩固知识构建的过程，是对所掌握的内容进行评价并促使学习者能够在新的环境下运用新知识的过程。

2. 支架理论

支架原意是建筑行业中为建材提供暂时性支撑的柱子，称为“脚手架”。普利斯里认为支架是指为学习者的学习需要提供恰当的学习帮助，当学习者的能力增长到能独自解决问题时再撤去帮助。而支架式教学策略则是为学习者的知识意义建构提供所需要的概念框架。支架式教学策略在教学过程中分为教学支架和学习支架两种，前者是指有利于教师在教学时顺利实施教学过程的支架，后者是指学习者进行学习的过程中有助于自我知识意义建构的支架。支架是静态的，但支架的使用是动态的，要解决一个问题，可能需要多个不同形式的、难易程度不同的帮助支架，并且要做到支架使用频率由多到少，最后消失，达到学习者能够独立学习的目的。

在翻转课堂教学过程中，学习者进行自主学习时所采用的学习支架概念不仅来自教师，还来自有能力的同学，同时还得益于教师精心设计的学习材料，如图片、视频、案例、问题、变式、游戏等，使得学习者在学习过程中能及时得到学习帮助，进而解决学习难题，促进了学生学习能力、自主学习效率的提高及独立分析问题、独立解决问题习惯的养成。

3. 最近发展区理论

最近发展区理论是指个体独立分析、解决问题的实际水平与潜在水平之间所存在的差距。实际发展水平是指个体已具有的、较为成熟的、独立解决问题的能力；而潜在发展水平则是指个体在现有能力的基础上，借助一定外在条件的帮助便能完成任务的机能水平。因此，最近发展区是指那些稍微超出现有水平的、有成熟潜在机能的区域，即个体能力发展的最近一个区域。

在翻转课堂中，课前学习的基本概念和针对性练习的知识层次是在学生的实际发展水平之内的，学习者只需要通过正常的学习努力就可以完成知识的理解和掌握，而课堂学习活动的问题有一定的难度，超出了学生的实际认识水平，学习者一般需要通过学习同伴的协作帮助、老师指导或在相关资料的支撑下才能顺利完成，这一部分内容学习属于学生的潜在发展水平。在学习基础知识的基础上，再通过学习活动内容进行强化和提升，有利于学习者对知识的理解、掌握和进一步深化。

4. 建构主义

建构主义强调世界的客观性，主张由个人自己决定对世界意义的理解。它指出学习是指学习者以自己已有的知识经验为基础，通过与外界事物的相互作用，主动获取、建构新知识的内在心理表征过程，而不是被动地、机械地、原封不动地把知识从外界搬到记忆中。基于建构主义的教学，以学生为中心，为学生提供自主学习的素材，强调以问题为核心的驱动学习，重视协作学习的重要性，鼓励由学生自己完成对新知识的意义建构。

建构主义学习理论内容丰富，其思想主要来源于认知加工学说，是维果茨基、皮亚杰和布鲁纳等的思想，是近年来流行的一种新型学习理论。建构主义学习理论最先由瑞士心理学家皮亚杰提出，他认为学习者知识的获得，不仅取决于其自身积极主动地获取知识的精神，还需要借助他人（如教师、同伴）的帮助或者查找必要的资料，在与外界客体的交互中获取知识，建构主义学习理论包含情景、协作、会话和意义建构四大环境要素，利用情景、协作、会话等学习环境发挥学生学习的主观能动性，实现对所学知识的意义构建。

翻转课堂教学模式充分体现了建构主义思想理念。翻转课堂的课前知识传授环节把学习的自主权和决定权交给学生，学生以教师提供的或网上搜寻的相关学习资料为学习素材，以问题为中心，在自己已有学习经验的基础上，进行新内容的学习；而课堂学习环节是以开展学习活动为主，帮助学生完成新知识的巩固与掌握。在这个过程中，教师为学生的学习提供个性化的帮助。

经过两阶段的学习，学生已基本能完成对新知识的意义建构。同时，支持翻转课堂的网络教学系统也体现了建构主义思想，不仅为学生提供自主学习的素材和学习路径，更重要的是还为学生提供恰到好处的学习帮助，为学生的意义建构添砖加瓦，极大地促进了翻转课堂的顺利实施。

5. 自主学习理论

自主学习是由学习者自己决定各自的学习行为及学习内容，自主权交给学生，由其自己确定学习路径、选择学习方式、监控学习过程、评价学习结果的过程，具有自立性、自为性和自律性三个特性。这充分说明了，学习归根结底是由学习者自己去完成，学习者可以决定自己的学习过程、学习进度及采用的学习方法等，由自己主宰自己的学习。

在翻转课堂中，无论是在课前知识传授环节上，还是在课堂知识内化环节上，都是把课堂学习的权利和自主权交给学生，学习时采取何种学习方法，使用何种学习策略，沿着何种学习路径都是由学生自己决定，学习任务主要由学生自己完成，让学生有充分的学习权利，并成为学习的主人，充分体现了自主学习理论。

6. 协作学习理论

目前，世界各地的知名学者从各个方面研究和实践协作学习理论，虽然他们表述的协作学习定义有所不同，但都从一定程度上揭示了协作学习的内涵，即在一定教学目标的引导下，借助小组合作互助的形式进行学习。协作学习能够增强学习者学习的主动性，培养学习者的集体意识。

在翻转课堂中，学习者自学过程遇到一些难题，一般是通过和学习同伴讨论中的互帮互助或在教师的指导下解决的，尤其是在课堂学习活动中，当学生遇到疑问时，学生就会主动组成动态协作的学习小组，相互交流，各抒己见，协同完成新知识的构建，而那些难度特别大的疑难则是在教师的指导下完成的。协作学习增强了学生之间的团队协作意识，提高了学生独立解决问题和自主学习的能力。

7. 活动设计理论

活动设计理论始于20世纪20年代，源于德国古典哲学，是文化历史心理学的一部分，它认为活动和意识是动态联系的，需要采用二元论的方法对思维和活动进行分析和设计。活动设计理论容易组合出多种教学模式，做到尊重学生的个体差异，并且能在活动中培养学习者的性格。这种情感态度，可以作为课堂学习活动设计的框架和理论依据。翻转课堂中的课堂学习活动，是学生知识内化的主要学习素材，学习活动的设计除遵循学生的心理认知和身体发展规律外，更主要的是以活动设计理论为指导，以便能够让学生在学习活动中完成知识的内化。

8. 掌握学习理论

掌握学习理论（mastery learning）是翻转课堂教学法最基本的理论基础。掌握学习法由美国教育家布鲁姆最先提出，20世纪60年代，布鲁姆向学生学习能力成正态分布观点发起挑战，他反对只有少部分学生才能取得好成绩的观点。布鲁姆认为，部分学生成绩不好的原因是教师没有给予学生最适合的辅导。在当前传统课堂中，教师只给予班中约三分之一的学生良好的鼓励和关注，绝大多数学习成绩不好的学生并不是因为智力低下造成的，而是因为在学习过程中，失误不断积累，并未能得到及时、合理的帮助造成的。

例如，考95分的学生，还是有5分不知道的知识。因此，学的知识越多，学生的困惑就越多。大多数学生学习上的差异，多是学习速度上的差异。布鲁姆认为，只要提供足够的时间，学生的成绩将不是正态分布，绝大多数的学生都会掌握学习任务，会有良好的成绩，这就是布鲁姆的掌握学习理论。布鲁姆关于与一对一个别教学方法等效的群体教学方法的研究中得出，掌握学习法在群体教学中也能使学生很好地掌握所学知识。教师将教材内容分解成一系列较小的学习单元，设计单元教学目标，并按照学习顺序组织起来；学生进行群体学习；在教授新课前，教师对学生的先备知识予以充分认识；并根据形成性评价的结果对未达标的学生给予补偿性矫正学习，即给群体学习中速度较慢的学生额外的学习时间；最后再次进行形成性评价，检测学生的掌握情况。虽然布鲁姆设计出了较完美的学习模式图，但在实际运作中效果却不尽如人意，根源在于传统教学中的群体教学模式，以班级平均节奏开展，学生的补偿性矫正学习无法实现。而且，在传统课堂中，较多地注重了总结性评价，忽略了个别化的辅导矫正，导致学习效果大幅降低。

翻转课堂的出现，使掌握学习得以真正实现，借助信息技术的支持，使得个性化辅导更易实现。翻转课堂中，通过视频课程，学生真正能根据自身情况来自主安排和控制学习，观看视频的节奏全由自己掌握，掌握了的内容快进或跳过，没掌握的内容倒退并反复观看.也可停下来思考或做笔记。之后，课堂上的指导和互动更具针对性和人性化另外，翻转课堂为每一位学生提供频繁的反馈和个别化的矫正性帮助，通过形成性检测方式，揭示学生学习中存在的问题，通过矫正性辅导，达到掌握知识的目的。

9. 混合学习理论

混合学习（blended learning）是继网络学习后，教育领域出现的又一新名词。对于混合学习，李克东教授认为“混合学习是人们对网络学习进行反思后，出现在教育领域尤其是教育技术领域较为流行的一个术语，其主要思想是把面对面教学和在线学习两种学习模式的整合，以达到降低成本，提高效益的一种教学方式”。何克抗教授将混合学习更简单地概述为，“混合式学习就是要把传统学习方式的优势同网络化学习（e-Learning）的优势结合起来”，既发挥教师的引导、启发、监控教学过程的主导作用，又充分体现学生作为学习主体的主动性、积极性与创造性。将这二者结合，使其优势互补，能够获得最佳的学习效果。

传统教学模式一般采用面对面的学习方式，使用“黑板+粉笔”教学工具，由教师主导，讲授统一教材，学习进度整齐划一，课下由学生自己作完成知识的内化。这种单一的面对面学习方式，学生的学仍是由教师来完成的，而且“满堂灌”现象严重，课堂上给予学生的时间很少，易使学生对教师产生依赖，不利学生学习能力的提高；“一刀切”，教师很难做到因材施教、实时掌握学生的学习动态；更难做到对学生的学习进行及时个性化辅导，教师对于学生的疑难困惑只能在课堂上统一讲解，不具有针对性，浪费了一部分同学的时间，教学效率较低；在课下学生知识内化时，教师大多不在场，学生遇到疑难问题，一般不能得到及时解决，学习效率很低。

而日益盛行的在线学习（e-Learning）为这一问题的解决提供一定的借鉴。在线学习是指学习者在信息技术手段工具或教师的引导下，运用网络环境和网络信息资源而进行的自主协作学习活动。网络学习环境中教师与学生可以及时传递信息、及时共享与充分利用网络上各种教学资源、实时与非实时地任意交流与讨论、利用虚拟技术模拟现实来解决教学问题。在线学习的引入一定程度上克服了传统课堂教学的不足，使学生的个性化学习和教师的个性化辅导成为可能，一定程度上提高了教与学的效率，减轻了教师授课负担，降低了教学成本，提高了教学效益，但在线学习缺乏真正的情感交流，不利于人与人之间的情感交流，影响学生群体性意识、集体主义观念的树立及健康人格的塑造，这一不足又为教学带来新的问题、面对面的课堂学习与在线学习在教学中各有优缺点，不能相互取代，但可优势互补。

混合学习正是将传统学习的优势和在线学习的优势结合起来，在发挥教师主导作用的同时，强调学生学习的主体性。混合学习有效融合了课堂教学与网络学习的两种学习环境，在信息技术的支持下，利用网络学习资源或传统教材，运用合适的课堂教学和学习方式，把特定的教学内容呈现给学习者，以取得最大的学习效益。混合学习中，教师既可以使用传统课堂进行课堂知识的讲解或作业的辅导，促进学生构建个人知识结构，又可以借助网络学习平台为学习者提供学习资源、鼓励学生自学，并可以及时掌握学生学习动态，给予学生个性化辅导，提高教学效率，一定程度上可以克服传统教学模式和网络学习的弊端，实现传统课堂学习与在线学习的优势互补，真正体现了教师的主导性及学生的主体性。因此，混合学习模式是课堂教学发展的必然方向。

但就目前采用混合学习模式进行的教学，一般还是采用传统课堂教学方式进行知识传授，网络多媒体教学平台、网络学习资源等其他信息技术手段只起到了部分学习辅助作用，没有完全发挥出混合学习中网络学习的优势，使得混合教学模式未能发挥其应有的效益。基于混合学习的教学改革虽然从未停止，但教学效果却不尽如人意。

从总体上看，混合学习包括了学习理论、学习资源、学习环境和学习方式的混合。在混合学习中，既体现教师的主导作用，又体现学生的主体地位；网络学习资源和传统教学资源相融合；既创设了网络学习环境，又有传统课堂环境。从学生视角看翻转课堂，是学生课前根据自己的需要，选择适合自己的步调观看教学视频，开展网络学习，完成知识传递；在面对面的课堂中，当学生遇到问题时，随时寻求老师或同伴的帮助，在老师的指导下，同伴间协作解决问题，实现知识内化。由此可见，翻转课堂正是网络学习与传统面授的结合，它将面对面的教学与在线学习进行优势互补，通过创造性地使用技术和微视频的学习活动，提升学习的效果。

四、大学英语翻转课堂的教学设计

（一）翻转课堂教学设计的理论基础

翻转课堂的基础理论是指关于翻转的基本观点和看法，包括翻转的概念、本质和原则等，而翻转课堂的理论基础是指支持翻转理论的理论，一般指已有的、成熟的、对翻转有指导意义的学习理论。学界普遍认为掌握学习理论（又叫精熟学习理论或通达学习理论）是翻转课堂的理论基础，掌握学习只能解释翻转课堂的课前自主学习，而翻转后的课堂探究学习则需要建构主义学习理论来解释；翻转课堂中的小组学习是一种自组织学习，因此需要自组织学习理论来指导；依据最近发展区学习理论，课前、课中的学习目标和学习任务的设计，着眼于学生的最近发展区，为学生设计高度适度的目标和任务，提供略带有难度的内容，更有利于调动学生的积极性，发挥其潜能。

1. 翻转课堂的心理依据

（1）一对一效应，使学生感到教师在教其一个人

学生会感到其个性得到最大的尊重，从而感觉更加平等。学生可以暂停、倒推、重复、快进，显得更加人性化、个性化，知识传递时学生按其自己的节奏进阶式学习，并能及时反馈学习效果，知识内化时有教师的辅导、互动和交流。

不同的学生可能需要学习的时间不同，那些理解力强的学生可能看一遍教学视频就完全掌握了知识，避免课堂上那种教师为照顾其他同学的感受而放慢教学速度的情况，可以节省更多的时间；而对于一些在课堂上跟不上进度的学生来说，可以反复学习，避免出现那种前一个问题还没理解，教师已经进行下一环节的教学的情况。学生可选择最适合自己的节奏来学习，可以改变那种在课堂上不被关注的感觉。

（2）学习时间可以更灵活，感觉更享受

学生可以足不出户，灵活掌握时间，学习更加省时省力。学生可自由选择上课时间及地点，甚至可以在任何时间和任何地点来学习，比如可以一边走路锻炼身体，一边用手机插上耳机听讲，这样的学习让其感觉更加享受。但要保证环境唯一，保证教学环境唯一性，不受干扰，专心学习。

（3）教学内容能得到永久存档，可用于复习和补课

当学生感到对某些知识点模糊的时候，可以随时复习学过的知识。碎片化的知识点讲解，便于学生翻找，直达目标。

2. 传统学习理论对翻转课堂的支撑

（1）掌握学习理论

翻转课堂教学的最大优势之一，是在知识传授阶段，让学生可以自己掌控学习，利用教学视频，学生能根据自身情况来安排和控制自己的学习。学生在课外或回家看教师的视频讲解，完全可以在轻松的氛围中进行，而不必像在课堂上教师集体教学时那样紧绷神经，担心遗漏什么，或因为分心而跟不上教学节奏。学生观看视频的节奏全由自己掌握，懂了的快进跳过，没懂的倒退反复观看，也可以停下来仔细思考或做笔记，甚至还可以通过聊天软件向教师和同伴寻求帮助。

掌握学习理论是美国当代著名的教育心理学家和课程论专家布鲁姆（Bloom）提出的学校课堂学习理论，集中反映了布鲁姆基本的教育思想和理论观点。掌握学习理论被介绍到世界各国，并运用到中小学教育教学实践中，产生了广泛的影响，布鲁姆因此而享誉世界。所谓掌握学习，就是在所有学生都能学好的思想指导下，为学生提供所需的个别化帮助和所需的额外学习时间，从而使大多数学生达到课程目标所规定的掌握标准。布鲁姆认为只要给予足够的时间和适当的教学，几乎所有的学生对几乎所有的内容都可以达到掌握的程度（通常能达到完成80%～90%的评价项目）。学生学习能力的差异不能决定他能否学习要学的内容和学习的好坏，而只能决定他将要花多少时间才能达到该内容的掌握程度。换句话说，每一位学生掌握同样的教学内容所需要花费的时间是不一样的。学习能力强的学习者可以在较短的时间内达到对该内容的掌握水平，而学习能力差的学习者则要花较长的时间才能达到同样的掌握程度。因此，掌握学习理论不仅是翻转课堂教学的理论依据，而且对翻转课堂的实践具有特别重要的意义。教师应该创造条件，允许学生按照自己的节奏，掌控自己的时间，进行个性化学习。

（2）建构主义学习理论

掌握学习理论解释了在知识接纳阶段学生是如何掌控学习节奏的，但知识的接纳和记忆仅仅是翻转学习的初级阶段，还有一个更重要、更高级的阶段是学生对知识意义的建构。因此，掌握学习理论并不能解释翻转课堂教学的全过程和所有方面。建构主义学习理论这个更重要的理论假设，自然进入我们的研究视野。

当代建构主义者主张，世界是客观存在的，但是对于世界的理解和赋予意义却是由每个人自己决定的。我们是以自己的经验为基础来建构现实，或者至少说是在解释现实，每个人的经验世界是用我们自己的头脑创建的，由于我们的经验和对经验的信念不同，于是我们对外部世界的理解便也迥异。所以，学习不是由教师把知识简单地传递给学生，而是由学生自己建构知识的过程。学生不是简单被动地接收信息，而是主动地建构知识的意义，这种建构是无法由他人来代替的。

从建构主义的视野来看，翻转教学视频解决了传统课堂教学知识传播步调一致所带来的无视学生个体差异的问题，使得部分因跟不上集体的步骤而掉队，部分理解力强的学生则觉得过于浪费时间。但如果仅仅停留于此，学生的学习就是毫无意义的。学生需要针对具体问题的情境对原有知识进行再加工和再创造。学习者以自己的方式建构对于事物的理解，不同的人看到的是事物的不同方向，不存在唯一标准的理解。因此，在翻转课堂教学中，通过学习者的合作能使理解更加丰富和全面。显然，创设情境、协作探究、展示交流和意义建构，构成了翻转课堂的主要活动内容。

（3）自组织学习理论

翻转课堂得以展开的一个重要的理论假设和前提是承认学生可能不依靠教师的灌输，而是依靠计算机技术和网络技术的支持，通过自我教育和互助教育，学习任何东西。这个理论假设就是自组织学习理论。

自组织学习理论是由印度教育家苏伽特·米特拉提出的。该理论是米特拉通过著名的“墙中洞”教育实验而总结得到的教育和学习理论。米特拉在印度山区的偏远小村放置“墙上的电脑”并装上了摄像头，为的是对孩子的学习行为进行监控，他发现，学生的“学习是一种自组织行为”，借助计算机和网络技术的支持，任何学生都可以教会自己和同伴任何知识和技能，从而进一步推进了建构主义的学习理论和实践；机器和技术不仅能替代教师的部分作用，而且在某些方面会比教师做得更好；学习的最大乐趣和动力是可以教会其他人学习。

随着互联网技术的发展和教育资源的开放，人类的学习必然由“他组织”向“自组织”发展。自组织学习将成为人类的主要学习方式。翻转课堂本质上就是一种教育技术支持的自组织学习，借助教学视频的支持，学生可以自己组成学习小组，不仅完成对知识的个性化学习，甚至通过协作探究、展示交流、意义建构，完成自己对知识的拓展和创新，发展批判性思维和创造能力。

（4）学习成效金字塔理论

美国威斯康星大学的 Constance A.Steinkuehler 和 Sharon J.Derry 在研究报告中对教学和科技方面的学习成效提出了一系列的评价方法，使人们对学习成效的研究转向定性和定量评价相结合阶段。

学习金字塔是由美国学者埃德加·戴尔（Edgar Dale）率先提出的，它用数字形式形象显示了采用不同的学习方式，学习者在两周以后还能记住内容（平均学习保持率）的多少。具体说来，用耳朵听讲授，知识保留 5%；用眼去阅读，知识保留 10%；视听结合，知识保留 20%；用演示的办法，知识保留 30%；分组讨论法，知识保留 50%；练习操作实践，知识保留 75%；向别人讲授相互教，快速使用，知识保留 90%。由此可以看出，不同的学习方法达到的学习效果不同，研究表明在两周之后，学生对知识的保持率，从 5% 到 90% 不等。

学习成效金字塔理论从新的角度描述了提高学习效率的途径，通过定量分析方法，揭示了从简单的照本宣科灌输式学习到多种感官参与的深入体验式学习给学习者带来的学习效率的改变。以往学生“学”的成分中主要由教师引导，被动学习，而学习成效金字塔理论则启示学生应主动学习，要眼、脑、手、口、耳多种器官综合参与学习。学生只有主动掌握知识，“从做中学”才可以真正实现由知识到能力的 转化。

从学习成效金字塔理论可以看出，最理想的学习方法就是让学生在学会的基础上转而教别人，这样的学习效率最高，且知识掌握牢固，不易遗忘。正如中国古语所言：“虽有佳（嘉）肴，弗食，不知其旨也；虽有至道，弗学，不知其善也。是故学然后知不足，教然后知困。知不足，然后能自反也。知困，然后能自强也。故曰：教学相长也。”

相比传统课堂，“翻转课堂”已具备一定的进步性，但“翻转课堂”通常以文字、幻灯片和视频作为学生课前学习的资料，学生通过自主的学习得出自己对新知识的领悟，这使得新的学习材料所产生的学习效果并不尽如人意。通过学习成效金字塔理论可知，单纯的视频文字方法的学习效率并不高，想要提高学生课前知识的准备成效就要融入“做”和“用”的成分。因此，可以将学生的学习转变为课前通过完成任务的形式学习，而不是单纯地观看视频，在课前阶段就促使学生运用实际演练方法，为提高学习效果奠定基础。在评价交流时，学生将自己的创新点和自己认为比较有特点的地方交给别人，积极地论述自己的观点和创新点，这也就进一步提高了学习的效果。

（5）混合学习理论

“翻转课堂”逆序创新的作用点是“教”与“学”的先后关系。它偏重于教学进程逆序创新，即从“先教后学”到“先学后教”的教学进程转变。

“先教后学”更多地强调教师要在课堂时间内（通常40~45分钟），把整节课的内容变成“压缩饼干”并全部讲完。因此课堂上留给学生思考、发问和讨论的时间十分有限，学习者绝大部分时间处于被动接受地位。“翻转课堂”大力倡导用“先学后教”的形式来改变这一窘境。教师把课堂教学核心内容制成一个个短视频上传到网上供学生课前预习，并穿插一些在线问答来检查学生预习效果。即时的测验反馈和讲座视频回放，可帮助学习者分辨容易混淆的知识点。教师可以引入课堂讨论，或者将课堂演变成一个工作室，在这里，学生可以创建、协作或实践他们在预习中所学习的东西。教师作为现场专家，可推荐多种办法、澄清相关内容以及监测进展情况。

“翻转课堂”的理论支持主要是混合学习理论。通常人们将混合学习简单地理解为将“面对面学习”方式的优势和“网络学习”的优势相互结合起来，促进有效学习。

“网络学习”最突出的优势包括跨越时空限制、学习内容可反复使用、自定学习步调、精准的在线问答、及时反馈等。因此，“翻转课堂”可以围绕教学内容的重点知识和技能来切分录制的短视频，并设计在线回答和推荐阅读资料，引导学习者做好预习准备。

“面对面学习”的最大优势是促进师生、生生之间的情感交流和社会交往，增强凝聚力和归属感。在面对面学习过程中，学生可随时观察教师的丰富表情和手势，真实地操纵实物模型，模仿体悟默会知识；教师也可以监控学习进展情况、提供现场答疑、推荐学习策略等。因此，“翻转课堂”将宝贵的课堂时间更多地用于会话协商、项目协作、辩论反思等。例如，协作项目能够鼓励学生之间的社会交往，让他们更容易相互学习，也让那些具有不同技能水平的学习者更容易为同伴提供支持服务。教师还可以指导学生积极应用知识，他们有机会来发现学生的思维错误，特别是大部分同学最易犯错的那一类。

根据以上分析，翻转课堂的诞生和发展，并不是“无源之水，无根之木”，而是建立在坚实的理论基础之上。翻转课堂的各种理论基础，是理解和实践翻转课堂的依据。研究者由此构建翻转课堂的基本理论、方法和各种教学应用模式。

（二）翻转课堂的要素

1. 翻转课堂的要素内容

（1）教师角色的转变

翻转课堂实现了教师的角色逐渐由知识讲授者、课堂组织者向学习的指导者和推动者的转变。这意味着教师不再是课堂的中心，但仍然是学生进行学习的主要推动者。当学生学习中遇到困难时，教师便会向他们及时提供必要的学习支持。自此以后，教师便成为学生快速获得学习资源、利用学习资源、处理学习信息、应用新知识到真实生活情境中的促进者。随着教师教学职能的变化，教师也将面临前所未有的教学技能挑战。在翻转课堂中，学生需要在参与实际的学习活动中，通过完成学习任务来构建知识结构，成了学习过程的中心。这就需要教师通过设计课堂学习活动这一新的教学策略来达成此目的。通过简单易行且利于知识内化的课堂学习活动的设计与组织来促进学生成长与进步。在每完成一个章节的学习之后，教师都需要及时检查学生对知识的理解和掌握情况，并对学生作出恰当的评价，来帮助学生正视自己的学习水平。及时的评价反馈可以帮助教师改进或调整课堂教学活动设计，推动学生高效学习的发生。

（2）课堂时间的重新分配

翻转课堂教学中，课堂上的大部分时间交由学生支配，让学生能够全身心地充分投入课堂学习活动中去，一小部分时间留给教师，以便为学生提供具有针对性的辅导，大大减少了教师在课堂上知识讲授的时间，这是翻转课堂的另外一个重要特征。来源于现实生活中的、具有真实学习情境的课堂学习活动能够让学生在交互协作中完成学习任务。翻转课堂将原来课堂讲授的知识内容转移到课下去完成，在不缩减原先课时知识量的基础上，来增强课堂中学生之间的交互性。这种教学形式的转变有利于提升学生对知识的理解深度。

另外，教师在课堂上进行形成性评价时，在某种程度上提升了课堂中交互的有效性。而教师的课堂评价有利于帮助学生更加客观地认识自己的学习情况。

因此，翻转课堂是一个构建深层次知识的课堂，而学生则是课堂的主角。翻转课堂通过充分利用课下时间完成了基本知识的传递，极大地延长了课堂上教与学的时间。但翻转课堂的关键之处在于教师如何组织课堂学习活动来实现课堂时间的最大化、高效化利用。

（3）学生角色的转变

随着教育信息化的不断深入人心，自主探究学习越来越受到学习者的欢迎。在个性化的网络学习环境中，学习者能够根据自己的学习需要选择学习的内容、时间和地点，然后再按照自己的节奏进行个性化学习。虽然，翻转课堂教学获得了学生的高度参与，并且赋予了很强的学习灵活性，但学生并非完全独立地进行学习。在网络化协作性学习环境中，学生们需要根据各自的具体学情不断与同学、教师进行讨论交互，以便能够扩展和深化自己对知识的认识。

2. 翻转课堂的核心要素

翻转课堂是对传统教学模式和教学方法的革新，通过知识传授与知识内化两个阶段的翻转，提高学生学习的主动性和学习效率；教师应把握翻转课堂的关键要素，准备富有创造力的教学资源和学习环境，组织多样化的课堂教学活动，通过学习分析为学生提供更有针对性的教学，充分发挥翻转课堂的优势。

（1）翻转课堂的学习活动

课堂的学习活动是翻转课堂设计的核心部分，翻转课堂的有效实施需要建立在设计良好的学习活动的基础之上。

在翻转课堂教学过程中，新知识的学习过程已经在课前完成，取代了传统课堂教学中的教师讲授新知识的模块，给师生留下了更多的课堂时间，利用好课堂时间组织教学活动，促进知识内容，是决定翻转课堂成功的关键。目前在国内提及翻转课堂，大部分人都是集中在如何制作教学视频上，但实际上比视频更为重要的是课堂活动的组织。

翻转课堂教学活动包括小组学习活动、全班交流活动和个人学习活动，但以小组学习活动为主。

翻转课堂教学活动涵盖了解答学生疑问、解决重点难点、课堂讨论、探究实验和练习巩固等多个方面，教师需要根据学科特点和学生实际情况精心设计课堂活动。翻转课堂需要良好的互动和有意义的深度学习。翻转课堂设计对教师的教学能力和综合素质有较高要求，教师需要在课堂中敏锐地发现多数学生存在的困惑，并及时解决。综观目前不少学校的翻转课堂，由于形式过于单一，甚至全部活动用来做练习测试，导致学生慢慢失去了兴趣。

在正式上课前，教师应当确保学生已经观看了教学视频，并完成单元检测，即要求学生在课前完成基础性的测试题目，以便于学生自己及教师发现问题，了解实际学习效果。在课堂上，教师通过设计有意义的任务和具有挑战性的问题，激发学生思考，推动学生间进行互助交流，对于一些自控能力较差，或是自己学习有困难的学生来说，学习小组可以起到监督和带动的作用，帮助学生打破在课外学习的孤立感，进一步增强学习效果。翻转课堂教学设计的核心，教师要对学生的疑问进行整理，对其中具有代表性的问题，应放在课堂上集中讨论解决，对于个别学习相对滞后，或是学习积极性不高的学生所存在的问题，可以在课前单独给予指导。

翻转课堂教学设计，还要重点关注如下问题。

①解决学生疑问，层层引导

学生完成了前一阶段的自主学习，教师在课堂上可以直入主题，就学习中普遍存在的疑惑集中给予解答。此外，教师也应关注个别思维更加活跃，学习进度较快的学生提出的问题，这类问题往往可以作为一条主线，引导学生做进一步地探究。

②交流协作，加深内化

由于教学视频可能只涉及基本的知识讲解，因此在知识深化方面，教师可以根据学生的兴趣及学习能力将学生分组，通过布置任务完成知识的深化和内化，学生在交流中相互启发和批判，同时也提升了团队协作和沟通能力。在学生分组学习时，教师也应参与到学生当中，对出现的问题给予点评，及时纠正偏离方向的讨论，提高课堂学习效率。

③统筹兼顾，突出重点

课前的教学视频只针对重难点，对于其他一般性，的知识点，教师可以放在课堂上完成讲授，避免知识的割裂。

（2）翻转课堂的学习资源

翻转课堂的有效实施需要丰富优质的学习资源来支持，这些学习资源可以是微课视频、电子课件、互动电子教材、学习网站、在线课程、文本教材和练习题等，其中微课视频是最常用、最重要的学习资源，内容以知识点为单位，聚集新知识的讲解。

从视频的形式上看，怎样在十分钟以内牢牢抓住学生眼球，需要教师在录制视频时充分考虑视频的视觉效果，灵活采用画面、声音等多种表现手法，此外，字幕的配合也很重要，字幕是画面、声音的延伸和补充，能够弥补授课者口音的缺陷，更清晰准确地传达视频的信息。从视频内容的实质上看，教师需要把握的是视频应该有益于学生在课前进行探究式学习，视频应该是那些足以引发学生兴趣、讨论、质疑的材料，如果视频只是单纯地录制教师讲授的内容，实质上还是没有打破学生被动接受学习的模式，只不过将听课的地点由课堂移到了课外，终究是回到传统教学的老路上了。

除了传授知识所需用到的教学视频，教师还应当着手建立扩展资料库，为学生提供可以扩展学习的资料，这些资料包括其他开放学习平台提供的视频、文字阅读资料、习题库等。扩展学习有助于学生进一步了解所学内容的背景知识、与其他知识的联系，一方面帮助学生更好地理解和掌握教学大纲中的知识点，另一方面培养了学生自主学习的能力。

翻转课堂学习资源主要用于支持学生课前的自主学习。为了取得更好的自主学习效果，除了为学生提供视频资源，还需要提供教师精心设计的自主学习任务单与视频资源配套使用。学生依据学习任务单的要求，观看视频，完成知识学习。学生只有在课前完成对学习资源的学习，获得了知识内容并发现学习过程中存在的疑难和困惑问题，带着问题参与课堂的讨论活动，才能达到知识内化和创新的目的。

（3）翻转课堂的学习分析

翻转课堂的教学评价除了应用传统的课堂评价手段，还普遍开始采用基于在线教学的学习分析技术。学习分析技术指导的是对学生生成的海量数据进行解释和分析，以评估学生学业进展，预测未来表现，并发现潜在问题。

教师利用翻转课堂网络教学环境收集大量学生学习过程产生的数据，并利用学习分析技术对数据进行解释和分析，可以有效诊断学生的学习问题，评价学生的学习进展，甚至可以评价学生的高阶能力，如批判性思维、协作交流与问题解决能力等，并适当调整教学过程；学生自主学习存在的疑惑，可以用来作为课堂活动设计的基础；学生发现微课视频中存在的不足，可以用来调整视频等。例如，在微课学习过程中，教师发现某个环节或知识点被学生们反复浏览和点击的时候，要意识到这可能是一个对学生来说难以掌握的知识点，或者自己的讲解有问题，需要据此调整教学。

（4）翻转课堂的支撑环境

翻转课堂的实施需要网络教学环境的支撑，翻转课堂的支撑环境主要由网络教学平台和学生学习终端等组成。其中，网络教学平台要能够实现课前课中互联、师生互动、当堂练习反馈与数据统计分析等功能，这是实现翻转课堂教学的基础环境；学习终端能够支持学生的微课学习、网络交流、互动练习。翻转课堂的网络支撑环境为师生提供了一个虚拟学习空间，为师生开展与衔接各种课前、课中、课后的活动提供基础。

用于构建翻转课堂网络教学环境的软件，有课程管理系统（CMS）、学习管理系统（LMS）或者学习内容管理系统（LCMS）。其中，被师生广泛使用的免费开源软件有Moodle、Claronline、Saikai、Atutor等。另外学习活动管理系统（LAMS）也可以用于构建设计、管理和传递网络教学活动的网络支撑平台。LAMS构建的学习环境支持以学习活动为中心的教学设计，并提供整合教学资源、实施网络教学与评价的相关功能，可以为师生提供一个学习过程图形化、可视化的网络平台。

3. 有效课堂的要素

（1）有效课堂教学的基本要素

有效课堂教学的基本要素是：良好的课堂教学氛围；素质全面的教师；学生在教学中的良好状态；科学、合理的教学内容；恰当的教学模式、方法和手段。

爱因斯坦说过，“兴趣是最好的老师”，“如果把学生的热情激发出来，那么学校所规定的功课就会被当作一种礼物来领受”。良好的课堂教学氛围应该是基于兴趣，也就是说，学生只有对教学内容感兴趣，才会形成良好的教学氛围。“人们对自己感兴趣的事物总是力求探索它，认识它；兴趣是一个人力求认识并趋向某种事物特有的意向，是个体主观能动性的一种体现。”因此，要想形成良好的教学氛围，就要在兴趣上下功夫。

教师对学生来说是一个引路人似的朋友，是心灵、智慧的双重引路人。有道是：“亲其师，信其道；恶其师，疏其道。”教师要想把学生的积极性激发出来，就要有豁达的胸襟、幽默的性格、渊博的知识、机智灵活的头脑。素质全面不仅是指知识的全面，而且是指要具有先进的教学理念、精于教学设计、懂得学生心理并且善于利用其心理达到教学目标。幽默是一种魅力，循循善诱是教育的最高境界，教师的情商是教学成功的关键因素、学生在教学中的状态取决于教师的魅力、教学内容和教学方法。传统的课堂，教师自己是表演者，学生是观众。如果观众不买账，表演者会逐步心灰意冷，良好的教学氛围难以形成。但至少，教师可以自己控制自己的表演。而在翻转课堂，教师由于变成了导演，学生变成了表演者，此时，导演导得再好，演员不肯演也是白搭，所以导演比演员更难当。演艺界很多人都是先当演员再当导演，经过做演员的丰富体验，再做导演似乎更有具体生活感受。但并不是当了演员都能做导演，因此，教师由表演者向导演的转变也是一个质变的飞跃过程，需要有一定的量变才能完成。比起演员，做导演需要多做两件事，一是能够将演员放在恰当的位置上，二是指导演员理解角色的意义，并调动演员的积极性演好角色。作为教师作为导演，对其要求更高，能够让学生在教学中处于良好的状态，主动配合教师的设计更难，需要教师了解学生的心理，综合运用各种手段。人们说影视剧是一种遗憾的艺术，没有最好，只有更好，教学又何尝不是呢？

俗话说，“巧妇难为无米之炊”，教师素质即使再全面，没有科学、合理的教学内容，也不能打动学生。而科学、合理的教学内容需要教师用心组织，以避免课堂教学的随意性。现代心理学研究认为，“疑问是思维的导火索”，巧妙设疑可以激起学生的求知欲，运用恰当的教学模式、方法和手段可以使教学内容更易于接受，拉近师生的距离，美国学者布鲁巴克说过：“最精湛的教学艺术，遵循的最高准则就是让学生提问题。”

（2）使翻转课堂成为有效课堂的要素

翻转课堂要想成为有效课堂，也要遵循有效课堂的要素。诸如良好的课堂教学氛围；素质全面的教师；学生在教学中的良好状态；科学、合理的教学内容；恰当的教学模式、方法和手段等。

传统课堂的教学氛围应该是教师讲、学生听，再理想一点就是学生在听的过程中能够与教师进行良好的互动。但学生听没听、是否真听了就不一定了，没有真听就不可能有互动，即使真听了，如果跟不上节奏也一样难以有互动，所以在传统课堂下，理想的教学氛围很难实现，而翻转课堂，如果教师有效地控制了学习的第一阶段，则第二阶段中良好的课堂教学氛围很容易实现。学生已经掌握了基本知识，等于是已经进入学习过程中了，在兴趣得到激发的基础上开展下一步学习，课堂的有效性会更强。郭沫若说：“教学的目的是培养学生自己学习，自己研究，用自己的头脑来想，用自己的眼睛来看，用自己的手来做这种精神。”

（3）有效课堂教学的基本评判标准

有效课堂教学的基本评判标准是：预设性目标与生成性目标的统一；学生群体的共性发展与学生个体的差异性发展的统一；学生即时性发展与延时性发展的统一；学生发展与教师专业发展的统一。

从时间上来看，教师不宜满堂灌，以45分钟的一堂课为例，一般来说教师讲授15～25分钟，学生活动20~30分钟。

从教学组织形式看，宜采用自学为主、师生合作、生生合作、探究讨论、小组参与。

有效课堂的表现形式应该是发言积极，讨论热烈；争问抢答，气氛活跃；多种角度，创新实践。

有效课堂的五个特点应该是扎实、真实、充实、丰实、平实。

（4）有效课堂要把握的六个度

其一是参与度，即学生主动，积极参与；其二是亲和度，即师生平等，合作交流；其三是自由度，即课堂宽松，和谐自然；其四是整合度，即将知识、方法、能力目标充分整合；其五是练习度，即能够引领发现，体验实践；其六是延展度，即着眼关注社会生活。

（5）有效课堂教学要有八注意

1）目标——学科学习元素目标一定要实在。

2）主体——不是教师跟着学生走。

3）探究——应选择适当内容。

4）合作——应注意形式和效果的统一。

5）结尾——是“问号”不是“句号”。

6）活动——但不仅仅是课堂游戏。

7）多媒体——是辅助不是装饰，也不是预演.

8）评价——仅有一味赏识是不够的。

（三）翻转课堂的教学设计

1. 翻转课堂的过程设计

（1）确定学生课外学习目标

翻转课堂的设计首先要确定学生的学习目标，由于翻转课堂具有颠倒课内外教学过程的特性，让学生在课外自主学习新知完成第一次知识内化，课内完成知识的第二次内化。因此，学生在课内、外学习活动所要达到的学习目标不同。学习目标的确定要注意以下原则。

①学习目标的阐述应该是具体的

学习目标的重点应能够说明学生在完成学习任务后行为或能力的变化。对于认知领域学习目标的阐述，罗伯特·马杰在其出版的《程序教学目标的编写》这本经典著作中指出，一个完整的教学目标应包括三个基本要素：行为、条件和标准。在教学设计的实践中，有的教育研究者认为有必要在马杰的三要素的基础上加上对教学对象的描述。

为了便于记忆，他们把编写学习目标的基本要素简称为ABCD模式。

A——对象（audience）：阐明教学对象。

B——行为（behavior）：说明通过学习以后，学习者应能做什么（行为的变化），较多使用“知道”“了解”“理解”“掌握”“应用”等动词进行描述。

C——条件（condition）：说明上述行为在什么条件下产生。

D——标准（degree）：规定达到上述行为的最低标准（达到所要求行为的程度）。

例如，下面的学习目标实例中就包含了上述“对象”“行为”“条件”“标准”四个要素。

对小学四年级的学生进行“小学生上网调查”的学习活动，要求学生能够独立操作计算机，熟悉互联网的用途，正确认识网络游戏，能够利用互联网查找学习资料，至少能正确判断上网的利与弊，与学习伙伴进行网上交流，并能用正确的指法在10分钟内输入20个以上汉字。

但对于情感学习目标（包括培养学习者的某些态度、认同某种观念、养成某种良好的习惯、形成高尚的道德品质等）与上述的认知领域学习目标有很大不同。情感领域的教学目标更多地体现在思想意识形态上，运用上述ABCD目标编写方法是非常困难的。因此，情感目标需要通过思想意识的外在表现来进行阐述。

通常的方法是，把学习者的具体言行看成思想意识的外在表现，然后通过观察学习者的言行表现，来间接推断学习目标是否达到。例如，当学习活动结束时，学生将节约的零花钱储存起来，则表明学生有了勤俭节约的意识。又如，学生不再乱扔垃圾，当看到地上有垃圾时会弯腰捡起，则表明学生养成了爱护环境的习惯。在上述例子中，学习目标编写者通过观察“学生是否储存零花钱”和“是否乱扔垃圾”的具体行动，来判断学生是否具有某种态度或责任。

②学习目标是可实现的

学习目标的制定往往需要考虑学生的年龄大小、认知规律、知识水平等因素。不同年龄的学生，认知规律和知识水平各不相同，那么对于不同的学习活动最后所能达到的学习结果肯定也不会相同。所以，在制定学习目标的时候往往需要考虑学生是否能达成事先预设好的学习目标。

③学习目标是可测量的

教师所制定的学习目标必须是可测量的，因为只有是可测量的学习目标，才能评价学生通过参加学习活动后有没有达到学习目标，从而进一步判断学生的学习成效如何。所以，每个学习目标都应该有对应的评价问题或评价活动设计，并且有相应的评价工具去收集学生的学习情况。

（2）选择翻转内容

当确定了翻转课堂的课外学习目标后，就要考虑选择合适内容用于学生进行课外自主学习，对课外的学习目标要求主要是低阶思维的目标要求。所以，在设计和选择课外学习内容时，要结合学生本身的认知规律和特点去选择。

（3）选择内容传递方式

选择内容传递方式这一环节主要是创设可承载学生自主学习内容的媒体工具，

这里所说的媒体工具主要分成两类。一类主要是用于承载自主学习内容的媒体资源，如文字、图片（书本、试卷、案例、练习册等）、视频（教学实录、微课等）和动画等；另一类主要是用来传播第一类资源的系统工具，如各种网络教学平台、学习管理系统、交流通讯平台、各种网络终端等。而选择学习内容传递的方式一般取决于想要传递的学习内容的形式、资源大小、学习者的地理位置和持有的接收设备情况等。在选择内容传递方式时，应综合考虑上述各要素，以选择传递速度快、传递内容形式丰富、获取方便以及易于学生开展个性化学习的方式为佳。

（4）准备教学资源

在确定了学习内容及其传递方法渠道后，即可开始制作相应的学习资源，或者借助网络搜集相关的学习资源为己所用。在该环节中需注意，无论是自己开发新的学习资源或利用已有的学习资源，均需与先前确定的学习内容保持一致，并且资源的形式、大小等要求也需和传递工具相匹配。

（5）确定学生课内学习目标

这一环节的学习目标与第一环节的学习目标有所不同。第一环节中确定的课外学习目标更多的是针对低阶思维技能的学习目标，因为在课外学生能参与的更多是培养其识记、理解和应用等低阶思维技能目标的学习内容和活动。而在课内则恰恰相反，学生通过与同伴和教师面对面地交流、讨论和开展协作探究等活动，更易于达到发展分析、评估和创造等高阶思维技能的目标。为此，本环节确定的学习目标应该偏向分析、评估和创造等高阶思维技能层次。

（6）选择评价方式

在正式开始课堂教学前，不管是教师还是学生，对课堂教学活动提前做好充分的准备都是非常必要的。一般，教师可采用低风险的评价方式（是指不对学生的评价结果进行分数、等级的标记和评比，而仅作为发现学生学习问题的一种教学评测方式）对学生进行评测，从而发现学生学习真正的难点，以便教师和学生调整教学计划和学习计划。而我们常用的课前小测验就是一种较好的低风险评价方式，这些小测验的题目量并不多，其不仅仅是检测学生在课前学习的事实性知识，更重要的是为学生提供一个综合应用所学知识的机会。在这个过程中，不仅教师能及时地把测验中出现的问题反馈给学生，学生也可以向教师提出自身遇到的问题，并通过与教师交流使问题得以解决。所以，在正式上课前进行低风险的学习评价是一种非常有效的教学策略。低风险的评价方式有多种，小测验只是其中比较常见的一种。教师可以在这个环节根据先前学生在课外自主学习的内容选择合适的评价方式对学生进行一次课前评价，了解学生真正的学习难点。

（7）设计教学活动

当通过课前评价了解到学生真正的学习难点后，教师需针对学生学习难点和高阶能力发展需要设计具有导向性的课堂教学活动。课外的学习内容和活动主要帮助学生解决识记、理解类的知识，在课内则是帮助学生解决学习难点，并充分应用所学知识，学习更深层次的内容。所以，设计的教学活动应能更好地培养其分析、评估和创造等高阶能力，可采用如基于项目的学习、基于问题的学习、协作探究学习等形式。

（8）辅导学生

教师在教学中无论采用何种教学活动，要想取得良好的教学效果都离不开教师的正确引导。在学生进行教学活动时，教师需提供相应的脚手架，帮助学生更好地开展活动，有时甚至还需教师为仍对学习内容和活动存在困惑的学生提供个性化的辅导。在整个学习活动中，教师需给提出疑问的学生给予及时的反馈，在学生汇报学习成果或学习结束后，教师要进行统一的总结反馈，以促进学生进行知识的内化和升华。

2. 翻转学案的设计

学案，又称导学案，是由教师设计，用于指导学生自主学习和知识建构之案，具有导读、导视、导思、导练的功能。

（1）学案的构成

学案通常由学习目标、学习重难点、知识链接、学习内容、展示提升、学习小结、达标检测等几个环节构成。

①学习目标

教师要深入钻研教材，为学生设置明确的学习目标，数量以2～4个为宜，不能太多，学习目标中不要用“了解”“理解”“掌握”等模糊语言，要用“能记住”“能说出”“会运用”“解决……问题”等可检测的明确用语。

②学习重难点

根据课标要求、教材内容、学生实际，确定学习重难点。

③知识链接

复习相关知识或引入与所学内容有密切联系的知识。目的在于扫清学习新知识的障碍，为新知学习做好铺垫。

④学习内容

学习内容是导学案的核心，要体现导学、导思、导练的功能，要使目标知识化、知识问题化、问题探究化、探究层次化。学习内容包括自主学习、合作探究（对学、群学）。

⑤展示提升

展示必须是学生深入探究的问题，无论是组内小展示还是班内大展示都要明确展示是提升，绝不是各小组对导学案，问题答案的重复性讲解，统一答案。要突出展示的三大原则，即问题性、互动性、创新性。

⑥学习小结（即知识结构整理归纳）

⑦达标检测

达标检测题的设计及使用的具体要求：题型要多样。量要适中，不能太多，以5分钟左右的题量为宜；具有针对性和典型性。难度适中，即面向全体，又关注差异。建议可设置选做题部分，促进优生成长。规定完成时间，要求独立完成，培养学生独立思考的能力，注重及时反馈矫正。

⑧学习反思

课堂学习中存在的问题和学生的感悟，是宝贵的学习资源。学生填写“学习反思”，当作复习时需要注意的问题。导学案上应该有留白处，让师生在导学案的使用中写下生成的知识点。

（2）学案设计的原则

①主体性原则

主体性原则也就是“以学为中心”的设计原则，主要解决学什么、怎样学的问题，而不是教什么，怎么教的问题。教师在设计时，要用学生的眼光看教材，用学生的认识经验去感知教材，用学生的思维去研究教材，充分考虑学生自学过程中可能遇到的思维问题。这一点对于翻转课堂教学设计有至关重要的指导意义，因为无论从“以学生为中心”出发还是从“以教师为中心”出发将得出两种全然不同的设计结果。

②导学性原则

学案的设计要体现“导学”，重在引导学生学习而不是一味做练习。学案设计时要将知识点转变为探索性的问题点、能力点，通过对知识点的设疑、质疑、释疑、激思，培养学生的能力品质和创新素质。热情地鼓励学生勇于探索创新，科学地设计问题引起探索，适时引线搭桥帮助探索是学案的重要手段，是学案设计的关键所在。

（3）学案设计的方法

从教案到学案的转变，必须把教师的教学目标转化为学生学习的目标，把学习目标设计成学习方案交给学生。根据学生现有知识、自学能力水平和教学要求，参照各方面信息，制定出一套完整的学生学案。其特点是：教学重心由教师如何“教”，转变为学生如何“学”，要具有预见性和指导性。如下是学案设计的方法和设计的一般要求与作用。

①学案设计的要求

• 厘清教与学之间的关系

努力给学生提供更多的自学、自问、自做、自练的方法和机会，使学生真正成为学习的主人，增强对学习的兴趣。

·引导学生独立思考

实现掌握知识（学会）与发展能力（会学）的统一，使学案成为学生掌握学科知识体系和学科学习方式的载体，教师教学的基本依据。

·实现个性发展与全面发展的统一

学案的设计应该充分考虑和适应不同层次学生的实际能力和知识水平，使学案具有较大的弹性和适应性。总体来说，学案的设计主要按课时进行，与教师上课基本同步。

②学案设计的方法

在设计学案时，应依据学习的内容、目标和学习者的情况而变，没有千篇一律、固定不变的格式。从“教为主导，学为主体，以学为本，因学论教”的原理出发，遵循循序渐进的原则，有步骤、分层次地从知识、能力到理论的运用逐步加深。不同层次的学生可根据不同层次目标要求进行自主学习。教学中的学案设计一般分为以下四个部分。

·明确教学目标建立知识结构框架

学案中要体现出明确、具体的学习目标，即知识目标、能力目标、德育目标。知识结构包括学科知识结构、单元或章的知识结构、课时知识结构。通过知识结构分析，建立知识结构框架，使学生对将要学习的知识有一个整体的宏观认识。

·把握知识的重难点，找出最佳切入点

学案把重点难点问题交给学生，给学生一定方法引导和思维启示，让学生自己动脑，分析解决问题，在探究中加深对知识的理解，培养学生分析问题、解决问题的能力和思维能力。

·设计问题，培养学生运用知识的能力

设计恰当的问题是引导学生探索求知的重要手段，是学案设计的关键所在。教师不仅要依据学习目标、学习内容，还要依据学生的情况，精心设计问题。

问题的设置要根据学生现有的知识水平和综合素质，不仅要有一定的科学性、启发性、趣味性和实用性，还要具有一定的层次性。

·通过练习，及时自查和巩固学习效果

在学案的最后还要有一部分，对学生自学探索后的自查巩固。学生层次不同，理解问题和解决问题的能力有较大差异，自学过程中可能会出现许多各个层面的新问题，帮助学生及时从练习中发现这些问题并进行及时的正确的引导，对培养学生的主体意识和思维能力是至关重要的。

3. 翻转课堂活动的设计

在传统课堂教学中，教师通过讲授来帮助学生识记和理解。因此，课堂教学的核心活动是教师讲授，而在翻转课堂教学中，昔日教师的讲授，现在都由教学视频代替了。那么，当教师走进现在的翻转课堂时，他应该做些什么呢？课堂教学活动和学习活动应该如何设计？这是一线教师在实践中感觉最为困惑的地方。既然学生在课前已经完成知识的认知和理解，那么，昔日需要通过大量的课后作业来完成的知识应用训练以及现在强调的知识“分析、评价、创造”，现在都要在课堂教学环节中解决。

在翻转课堂的课前学习阶段，学生得到的是碎片化的知识。对于一门学科来说，这些碎片化的知识，是需要整合成整体知识模块的。另外，课前学习的东西，毕竟还是初步的表层化的，学生需要对知识进行内化。这个整合和内化的过程，主要是在教师的引导下，通过课堂互动和协作完成。如果说课前的学习考验的是学生的自主学习能力和意志的话，那么对于习惯于传统“传道授业”的教师而言，要适应和掌握翻转课堂的互动和协作活动，是最考验教师的活动设计能力的。课堂上，师生共同对学习中存在的问题进行探讨、商榷、研究，包括答疑解惑、知识的运用等，让学生达到学习目标。

（1）确定问题

课堂探究的问题需要师生共同确定。从教师的角度，教师需要根据教学内容的重难点提出一些问题；从学生的角度，学生根据自己在课前观看教学视频、进行课前针对性练习时发现的疑问及与同伴交流时未解决的困难提出一些问题。综合两方面来确定用于课堂探究的问题。

具体过程如下：上课的第一个阶段，学生先根据教师提出的课前要求和问题，陈述在课前学习中遇到的、希望同学和教师给予帮助和解答的困难和疑问，再提出新发现的问题。教师整理旧问题的疑问和新发现的问题，提交小组讨论和解决。由于长期的传统教学形成的个体性格和思维习惯，学生可能既不愿意承认自己不懂和有问题，也不善于质疑和发现新问题，因此，这是翻转课堂最难的一步，需要教师加以引导和鼓励，消除心理上的障碍，引导发散的思维方式，教会学生学会找问题。教师整理需要小组讨论解决的问题，可以请同学帮助，与同学一起来挑选和决定最重要、最需要讨论和解决的问题。精选问题，既考虑到问题的重要性，还要考虑时间的限制。

（2）合作探究

小组协作，解决问题，形成小组答案和意见。教师根据学生的不同特点进行异质分组，并分配给每个小组探究式题目，每组规模一般控制在4～6人，在每组中推选出一个组长，用于组织该小组的探究活动。小组中的每个成员都要积极地参与到探究活动中，随时提出自己的观点和想法；小组成员之间通过交流、协作共同完成学习目标。在此过程中教师需要随时捕捉各小组的探究动态并及时加以指导，并根据实际情况选择恰当的小组学习策略，如头脑风暴、小组讨论等。小组讨论可以先解决本小组同学陈述和提出的问题，再讨论和解决其他组同学的问题，这样更容易入手。如果对要讨论的问题不够清楚，还可以请提问的同学再陈述一遍。然后开始讨论其他同学的问题，形成小组答案和意见。如果还有解决不了的问题，可以向全班同学和教师提出，要求帮助和解决。按照“人人参与”和“轮流坐庄”的原则，确定全班研讨会的发言人。在翻转教学实验初期，可以请表述能力强的同学代表发言，以对其他同学起到示范作用。在后期阶段，一定要注意全体参与性，保证所有同学的积极性和参与机会，避免某些同学的意见和机会“被代表”。

（3）展示质疑

学生经过了小组间开展协作探究式活动之后，要将个人及小组的成果在课堂上进行展示，并组织全班研讨。全班研讨，需要教师进行组织，必要时教师加以补充意见。但要避免教师过于主导，将研讨会变成教师“一言堂”。采取的形式有演讲型、成果演示型、小型比赛等，并且各小组之间进行交流与评论及分享学习收获。

（4）点拨评价

教师总结，布置新任务。最后阶段，教师对同学的意见归纳和补充完善。对某些错误的答案，教师要进行更正。对不完善的意见，教师要进行补充。但对某些开放性的问题，并不需要“统一认识”。教师对学生完成任务的情况进行分析、归纳、整理，了解学生学习中存在的问题，已经掌握的和还需要进一步探讨的以及可以拓展和深化的东西进行分类，进而设计课堂教学新方案。最后布置下一次课需要观看的视频和需要思考和解决的问题。

（5）达标测评

经过前面的深入探究和深度学习，学生对课程标准要求的概念知识和学科原理，已经达到深刻的理解和创造性的应用，理所当然可以在下课前5~10分钟内完成课程标准要求的达标能力，顺利完成达标测评。这可以理解为应试教育环境下翻转课堂实验的一个折中和妥协。既保证翻转后能大幅度提高学生的综合素养和创造能力，又能在学业成绩上保持稳定增长。

翻转课堂教学活动，贯穿了“提出问题——解决问题——评价问题”的过程。每一节课的时间是固定的，需要教师把握每个环节的重要性和难度，灵活调节时间分配，保证翻转顺利进行和完成。

4. 翻转课堂的评价设计

教学评价是指以教学目标为依据，制定科学的标准，运用一切有效的技术手段，对教学活动过程及其结果进行测定、衡量，并给以价值判断，主要具有导向功能、鉴定功能、监督功能、调节功能、诊断功能和激励功能等。

（1）教学评价的分类

翻转课堂中的评价体制与传统课堂的完全不同。在翻转课堂教学模式中，评价应该由专家、学者、老师、同伴以及学生共同完成。翻转课堂不但要注重对学习结果的评价，还应注重对学习过程的评价，真正做到定量评价和定性评价、形成性评价和总结性评价、对个人的评价和对小组的评价、自我评价和他人评价之间的良好结合。常见的教学评价如下。

①诊断性评价是指在某项教学活动开始之前对学生的知识、技能以及情感等状况进行的预测。

②形成性评价是指在某项教学活动过程中，为能更好地达到教学目标的要求、取得更佳的效果而不断进行的评价。

③总结性评价是指在教学活动告一段落后，为了解教学活动的最终效果而进行的评价。

（2）支持翻转课堂的评价活动

与传统课堂的学习评价活动相比，翻转课堂的教学评价侧重于针对学生学习情况开展以鉴定、诊断、调节为主要目的的评价。一方面，旨在检测出学生对课外学习内容的认识和理解程度，并诊断出学生真正的学习难点，从而为课内教学活动的设计奠定基础；另一方面，在课内展开形成性评价和总结性评价活动，评价学生整个学习过程，鉴定学生学习成果。

翻转课堂的过程评价强调学生在问题的选择、独立学习过程中的表现、小组学习中的表现、学习计划安排、时间安排、结果表达和成果展示等方面。翻转课堂中常用的评价形式主要有以下几种。

①在线测试

在线测试主要是应用网络互动技术开展学习效果检测的练习、测试等活动，网络平台能自动收集学生的测试结果，并能自动完成测试批改、统计和分析等工作。在翻转课堂中可以采用的在线测试形式多样，如有低风险的自我评价、在线测验等，其选择往往取决于学习目标的设定。

• 低风险的自我评价

低风险的自我评价主要用来帮助学生判断自身对自主学习内容的认识和理解程度。一般情况下，这种评测方式不会形成最终的分数或成绩，是一种能快速反馈，并且行之有效的评价方式。

• 在线测验

在线测验是一种结合了单项选择、多项选择和填空题的评测方式。测验的内容并不仅仅是学习内容的简单重复，有一半的内容需要学生对学习内容进行思考后才能回答出来。

②课堂概念测试

这是一种简短、具有针对性的非正式学习评价方式，这一类测验通常针对一个知识点设置1～5道多选题，学生通过举手、举指示牌（不同颜色的牌指代不同的选项）或选择器回答问题。概念测试的主要目的在于获得学生对当前讲述知识点的理解程度，以便教师进行教学调整。测验并不是针对个别学生的，也不会给出相应的分数或成绩，是一种低风险的评价方式。基于网络环境的概念测试能实现在一个大班教学中进行实时的评测并能较快地统计其结果，作出及时的教学调整。

③概念图评价

概念图是一种用节点代表概念，用连线表示概念间关系的图示法，它是能将自身思维、知识点之间关系可视化的一种图示技术。利用概念图能很好地反映出学生对所学概念的理解程度，教师可以以此对学生的课外学习活动进行评价。如教师可以针对课外学习内容给出一份不完整的概念图，让学生填补空缺的概念及概念间的逻辑关系，以此了解学生对哪些概念的掌握较弱，需要安排进一步的教学活动加深学生对这些概念的理解。

④同伴评价

同伴评价主要是由合作学习的同伴根据学习者对小组作出的贡献、小组活动参与情况及与小组其他成员讨论问题情况等方面对其作出的评价。这种评价方式有利于学习者更好地参与到小组学习活动中，提高帮助他人及合作学习的积极性。

（3）翻转课堂教学设计的反思

教学设计是一种艰苦的教学创作活动。翻转课堂教学设计，对于许多教师来说，更是一个全新的挑战，需要更多借鉴和模仿、思考和实践。除此之外，翻转课堂教学设计还需要充分考虑学科内容适应性和学生特点等问题，根据不同的学科内容和学生特点设计不同的翻转教学活动；加强翻转教学和学习环境的设计，努力改善传统教室的固定格局并缩减每班学生数量，以便展开有效的翻转教学；重视学习资源的设计，有创造性地制作适合学生个性化需求的教学视频。我们既要吸取国外的成功经验并结合自身特点进行本土化实践，又要防止以“本土化”的名义“穿新鞋，走老路”，贴上“翻转课堂”的标签，轰轰烈烈地“翻转”，实实在在地“应试”，只有这样，才能实现翻转式教学的目的，即真正实现个性化、人性化教学，培养学生批判性思维和创造能力。

第二节　大学英语微课模式

随着网络多媒体技术的引入，人们的学习方式逐渐发生改变。在网络及“微时代”的双重影响下，微课模式已经悄然进入大学英语教学的领域，并成为人们探索新教学模式的一个重大突破口。可以说，微课是一种新的网络学习资源，并在国内迅速发展，成为基于网络多媒体的大学英语新教学模式。大学英语微课模式的定义、构成、优势及实施办法等成为当前研究的热点，下面就对这几大方面展开分析和探讨。

一、微课模式的定义

从字面上来说，微课有如下三个层面的阐释。

第一，对于“课”这一概念来说，微课是“课”的一种，是一种课式，呈现的是一种短小的教学活动。

第二，对于“课程”这一概念来说，微课同样是有计划、有目标、有内容、有资源的。

第三，对于“教学资源”这一概念来说，微课具有丰富的教学资源，如数字化学习资源包、在线教学视频等。

但是，对其内涵进行挖掘，可以发现微课是一种具有单一目标、短小内容、良好结构、以微视频为载体的教学模式。微课的最初理念是通过正式或者非正式的学习方式，人们不断对短小、主题集中、与实践紧密结合的专亚知识进行学习，从而提高学习效果，促进知识的内化。

在这一理念基础上，我国学者对微课模式展开了重点研究，很多学者提出了自己独到的见解。

黎加厚认为，“微课是时间在十分钟内，教学目标明确、内容短小，能够对某一问题集中说明的微小课程”。

焦建利认为，“微课是以某一知识点为目标.其表现形式是短小精悍的在线视频，主要应用于教学和学习的一种在线教学视频”。

胡铁生，黄明燕，李民认为，“微课又可以称为‘微型课程’，是建立在学科知识点的基础上，构建和生成的新型网络课程资源。微课以‘微视频’作为核心，包含很多与教学配套的扩展性或支持性资源，如‘微练习’‘微教案’‘微反思’‘微课件’等，从而形成了一个网页化、半结构化、情境化、开放性的交互教学应用环境和资源动态生成环境。”

上述这些学者的概念具有针对性，并在一定程度上反映出微课模式的基本特征，虽然具体内容存在某些差异，但是其理念和核心基本一致。涉及综合性问题，著者更倾向于胡铁生的定义。著者认为，微课从本质上是一种对教与学进行支持的新型课程资源，而且微课与其他与之匹配的课程要素共同构成了微课程。从这点来看，其属于课程论的范畴。当学生通过微课模式开展学习时，他们就是以微课作为媒介与教师产生交互活动，通过面对面辅导、在线讨论等进行直接，从而产生有意义的教学。从这点来说，其属于教学论的范畴。

二、微课模式的构成

从微课的课程属性出发，微课需要具备必备的课程要素。具体而言，主要涉及四大要素：目标、内容、活动、交互和多媒体。

（一）目标

目标是指教师预期微课模式的适用教学阶段，以及期望教学所要达成的结果，主要包含以下两层含义。

第一，应用目的，即设计开发微课模式的原因。这与微课模式是在课前、课中还是课后运用有关。例如，为学生的课后练习提供指导而制作的相关练习讲解的微课。

第二，应用效果，即教师在使用微课模式后期望学生所能够解决的具体问题。例如，掌握某一体裁的英语写作方法、阅读理解题的解题技巧等以引发学生思考。

一般来说，微课模式的目标是具体明确且单一的，其对于微课内容和应用模式的选择起着重要的指导意义。

（二）内容

微课内容是指为微课模式预期服务的，与特定学科相关的有目的、有意义传递的信息与素材。也就是说，大学英语微课模式的内容是教师实现预期目标的信息载体。根据微课目标，并结合学生的学习情况以及准备应用的教学阶段等教学实际来设计微课模式的内容。微课内容不同，教师对教学活动的设计也不一样。但是，由于微课的时间很短，内容上往往具有主题明确、短小精悍、独立的特色，因此需要教师对微课内容进行精心选取。

（三）活动

活动是主体与环境相互作用的过程。其中，环境涉及主体本身、其他主体以及客体。教的活动是指教师这一活动主体与特定微课内容这一客体之间的相互作用过程，通过这种相互作用，向学习微课的学生将教学信息有效传递出来，以帮助学生对课程内容进行理解与思考。教的活动是实现微课目标的一种有效方法。从方法上来说，教的活动可以分为教师的演示、讲授、操作及其与其他主体间的互动等活动类型。

（四）交互和多媒体

要想完成微课中教的活动，教师必须借助某些特定工具，来保证学生能够正确理解微课内容的意义，从而实现学生与微课的相互交流。在微课模式中，这种工具主要包含以下两种。

第一，交互工具。学生进行微课学习，能够促进学生与微课间进行操作交互和信息交互。

第二，信息呈现工具——多媒体。多媒体能够更好地帮助教师对教学内容进行表达和解释，提高学生在进行微课学习时与学习资源间的交互有效性，如微课中课件、动画、图形、图像等的呈现。

总之，微课这四大要素是相互影响、相互关联的。通过对这四大要素的设计，教师有助于构建一个具有结构化和数字化的课程资源。

三、微课模式的优势

从微课的定义与构成上不难看出，微课不仅与当前信息技术相适应，而且与《大学英语教学指南》相适应，是一种新兴媒体在教学领域的运用。可以说，微课在大学英语教学中的优势非常明显。

（一）教学内容少

微课模式主要是对课堂教学中某一知识点教学的凸显，或者是对教学中某一环节或者某一主题活动的反映。与传统教学内容相比，大学英语微课教学内容精简，更符合教学的需要。

（二）教学时间短

一般来说，大学英语微课教学视频时长为3～8分钟，最长也不应超过10分钟。相比之下，传统课堂教学时间长，一般为40～45分钟。因此，微课常常被称为“微课例”或“课堂片段”。也就是说，微课教学时间短。在当前的大学英语教学中，使用微课模式有助于针对教学难点开展教学，使学生能将这些注意力集中在教学的黄金时段，通过与教师的互动解决学习上的困惑。

（三）资源容量小

通常情况下，微课模式中的教学视频及配套资料的容量约为几十兆，容量一般比较小。在大学英语教学中，微课这一模式有助于教师与学生间流畅地展开交流。

（四）资源构成情境化

大学英语微课教学的内容通常具有鲜明的主题，且指向也完整、明确。教学视频片段是微课的主线，并以此对教学设计及其他教学资源进行统整，从而构筑成一个类型多样、主题凸显、结构紧凑的“主题单元资源包”，创造出一个真实的教学资源环境。这就使微课资源具有了视频教学案例的特点。这样真实、具体的情境不仅有助于学生提升自己的思维能力，还有助于提升教师的教学技能和学生自己的学业水平。

（五）反馈及时、针对性强

微课教学内容少、教学时间短，因为可以在短时间集中开展“无生上课”活动，所以教师和学生都可以迅速获取反馈信息。此外，每一位学生都可以参加课前组织预演，相互学习，这在一定程度上有助于减轻教师的压力，保证英语教学活动顺利开展。

（六）成果简化、多样传播

由于微课教学内容主题鲜明，内容具体，因此其成果易于转化和传播。同时，微课教学时间短、容量小，因此其传播的方式也是多种多样的，如网上视频传播、微博讨论传播等。

（七）主题鲜明，内容具体

微课课程的开展是建立在某一主题上的，其研究和探讨的问题也主要来自具体、真实的教学实践。例如，教学实践中关于教学策略、学习策略、重点难点、教学反思等问题。

四、微课模式的实施办法

就当前的教学实践来说，微课模式有着重要的发展前景。虽然微课的设计是当前研究的重点问题，但是也不能忽视微课模式在教学实践中的应用。因此，下面就大学英语微课教学提出一些建议。

（一）建立微课学习平台

微课模式主要建立在视频这一载体上，同时还需要一些辅助模块，如微练习或互动答疑等，这些对于提高学生的学习兴趣、培养教师的信息化应用能力十分有益。其中，一个较为创新的方法是微慕课平台，即使微课模式展现出慕课模式的系统性和专业性。这一平台具有一定的知识含金量，且结构灵活、系统性强、制作成本低等优点。

（二）提升微课录制技术

微课录制技术更追求质量，而且要尽可能地简单，使教师乐于录课，并能够快速提升自己的微课录制技术。另外，微课的研究人员需要在网络多媒体技术上进行改进和发展，追求卓越，尽可能地使微课模式得以普遍推广。

（三）加强资源　发，实现共建共享

当前的大学英语教学中仍旧存在着教学资源不均衡的情况。而微课的出现，使得优质的教育资源通过网络传送到全国的高校中，从而实现资源共享。

第三节　大学英语慕课模式

在网络多媒体环境下，慕课模式是以关联主义为基础，开展大规模的在线教学方式和学习方式。慕课模式的形成和发展并不是偶然的，而是在时代的发展和信息技术的进步基础上实现的。本节就来分析大学英语慕课模式。

一、慕课模式的定义

慕课是一种在线课程开放模式，是在传统发布资源、学习管理系统的基础上建立起来的课程模式，又称为“大型开放式网络课程”。慕课主要由具有协作精神与分享精神的个人所组织，他们将优异的课程上传到网络，可供需要的人下载和学习，目的是促进知识的传播和发展。

慕课是一种以开放访问、大规模参加作为目的的在线课程。慕课的英文字母是MOOC，这四个字母分别有其代表的含义。

M：代表参与这种开放性课程的人数多，规模大。

O：代表这一课程具有开放性，只要是想学习的人都可以参与其中。

O：代表这一课程学习的时间是非常灵活的，想学习的人可以自主选择。

C：代表课程包含的种类众多。

二、慕课模式的优势

慕课模式应用于大学英语教学必然会引起重大的教学理念与教学方式的改变。也就是说，慕课模式对当前的大学英语教学意义重大。具体而言，慕课模式具有如下几点优势。

（一）提供能力培养平台

我国的大学英语教学虽然一直在不断变革，但是总体上还是将重心放在基础知识教学上。这种教学模式必然阻碍学生将英语教学与专业结合起来，也就很难

实现自己综合能力的提升。

受这一教学理念和教学背景的影响，很多学生忽视了英语的学习，并没有意识到英语这一工具的作用。慕课的出现能够为学生提供最新的发展评估和专业动向，有助于激发学生的学习动机和兴趣，促使学生提升自己的专业能力，解决英语教学与自己专业的问题。

（二）平衡不同学生的知识水平

高校学生来自不同的地域，各地的教学水平存在差异，学生的学习能力和学习基础也高低不同。在统一的大班英语课堂上，教师很难实行一对一教学，只能从宏观上对学生进行指导。在这样的教育现实下，很多学生已经追赶不上教学的进度，或者不满足于当前的教学水平。

慕课模式通过开放性的网络平台，给学生提供了有针对性的教学，便于缓解教师教与学生学的矛盾。同时，该模式不受时空限制，既有利于促进基础好的学生能力的发展，也有利于基础差的学生知识的巩固。

（三）形成语言使用环境

对于我国学生而言，英语是第二语言，因此本身缺乏语言学习的环境，导致学生在课堂上学到的知识很难在现实中应用。很大程度上说，这降低了学生学习英语的成就感，也对日后学生的语言能力提升十分不利。

慕课的出现能够为学生创设良好的语言学习环境，即学生可以接触到真实的语言，甚至可以与世界上其他国家的人们进行交流，这都有助于提升学生自身的听说能力。

（四）扩大学生知识储备

我国的大学英语教学主要是围绕课堂教学展开的，面对短暂的教学时间、繁重的课业压力，课堂教学很难给学生带来充足的知识。相比之下，慕课教学模式以网络为平台，向学生提供丰富的知识，方便学生进行提取，不仅扩大了学生的知识储备，还丰富了学生的学习效率和兴趣。

三、慕课模式的实施办法

作为一种新兴的大学英语教学形式，慕课模式往往会通过以下几个步骤进行教学，即课程设置多样化、上课方式多样化、考核方式多样化、传统课堂与慕课结合。

（一）课程设置多样化

就当前的大学英语教学来说，慕课模式改变了传统教学模式的单一状况。就师资力量来说，传统的大学英语教师资源非常有限，所讲授的课程针对性也不明确。就教学材料来说，当前大多数高校使用上海外语教育出版社出版的《大学英语》《新世纪大学英语》、高等教育出版社出版的《大学体验英语》以及外语教学与研究出版社出版的《新视野大学英语》等，并没有采用与学生相适应的专门教材。就课程设置来说，虽然各大高校都设置选修课，但是这些选修课大多是为英语四、六级考试设置的。对此，慕课教学模式根据学生的兴趣和需要来选择课程，大大提高了学生的学习兴趣，从而提升了学生学习英语的质量和效率。

（二）上课方式多样化

虽然我国各大高校都在推进大学英语教学改革，上课形式也不再单一，但是仍旧以教师讲授作为中心，其中穿插的多媒体也只是一种辅助形式，是教师板书的延伸而已。但是，在网络多媒体不断发展的背景下，慕课模式实现了上课方式的多样化，学生可以在校园任何地方坐在电脑前学习，或者手拿iPad进行学习。

（三）考核方式多样化

在网络多媒体教育环境下，大学英语慕课模式的关键在于考核方式的多样化。如果仅仅依靠传统的笔试或者论文式教学，那么就很难将学生的实际水平测试出来。在慕课模式下，考核方式的多样化主要涉及两点：一是探索个性化考核方式，即根据不同层次的考生设置不同的测试题目；二是探索开放性的考试方式。总之，无论是个性化考核方式，还是开放性考核方式，其前提都是为了激发学生的学习积极性和学习兴趣。

（四）传统课堂与慕课结合

在发挥慕课模式的同时，还需要注意两点问题。

首先，大学英语慕课模式教学还有待完善，因为需要对教师进行培训，还需要准备与之配套的教学硬件设备。

其次，对于大学生来说，他们自身水平存在差异，因此要想让不同层次的学生适应慕课模式，也需要很长一段时间。如果将所有的教学内容置于网上，那么那些本身自制力差的学生就更容易放弃，这当然是教师不愿意看到的。

因此，当前属于新旧交替时期，教师仍旧扮演着重要角色。首先，教师应该积极探索能够激发学生主动性和积极性的慕课课件。其次，教师需要对学生的基本情况有一个清晰的了解，保证慕课课件能够被大多数学生理解和把握。最后，教师还需要了解不同学生的自主学习能力，锻炼学生的心理素质，使他们尽快适应新兴的教学模式。

第四节　远程教学总体分析

一、远程教育的界定

进入信息化时代的21世纪，人们对教育的需求日益增加。远程教育是一种新的教育模式，是提高全民族科学文化素质，促进教育思想、内容和方法改革，推动教育现代化，满足社会日益增长的终身学习需求的重要手段。

（一）国外学者的定义

“远程教育”的形式在世界上的发展大概有近百年的历史。但这一术语（尤其是它的英文名字：Distance Education）得到国际上的普遍认同和使用基本上可以追溯到20世纪80年代初期，也就是1982年联合国教科文组织（UNISCO）正式将所属的“国际函授教育协会”（International Council for Correspondence Education，ICCE）更名为“国际远程教育协会”（International Council for Open and Distance Education，ICDE）时。就目前而言，ICDE是国际上远程教育最大的学术团体，会员遍布全世界，每年的学术年会参加人数最多且学术水平也是较高的。从那时起，世界各国不仅普遍关注和重视“远程教育”，而且人们也开始对“远程教育”的特征、形态进行定义。20世纪60年代开始，一些国外的学者对远程教育给出了定义，比较有代表性的有德国学者多曼、彼得斯以及穆尔和霍姆伯格等。

多曼认为远程教育是一种有系统组织的自学形式，在这种形式中学生的咨询、学习材料的准备以及学生成绩的保证监督都是由一个教师小组进行的。这个小组的每一个成员都具有高度的责任感。与“远程教育”相反的是“直接教育”或“面授教育”。这是一种通过教师和学生直接接触发生的教育类型。

彼得斯则认为远程教育是一种传授知识、技能和态度的方法，通过劳动分工与组织原则的应用以及技术媒体的广泛应用而合理化。特别是复制高质量教学材料的目的是使在同一时间在学生们生活的地方教导大量学生成为可能。这是一种教与学的工业化形式。

穆尔把远程教学定义成教学方法大全。在这个教学方法中，教学行为与学习行为是分开实施的，也包括有学生在场进行接触的情况。结果学生与教师之间的交流必须通过印刷的、电子的、机械的及其他手段促进。

霍姆伯格认为“远程教育”包括所有层次的各种学习形式。在远程教育中，学生和教师并不出现在同一教室或同一地点，因而学生并不处于教师连续直接的教学指导之下，但是学生仍然从教育组织的计划、指导和教学辅导中受益。

国际著名的远程教育专家德斯蒙德·基更认为同常规教育相比，远程教育是“教师和学生处于准永久性分离状态”，也就是我们通常所说的师生之间的“时空分离”。

（二）国内学者的定义

我国学者也对远程教育的定义作了相应的研究。

谢新观指出所谓远程教育就是为了解决师生双方由于物理上的距离而导致的、表现在时空两个维度上的教与学行为间的分离而采取的、重新整合教学行为的一种教育模式。随着社会的发展，这种教育模式将具有实践上和理论上的不同表现形式。

丁兴富认为学校远程教育是对教师和学生在时空上相对分离，学生自学为主、教师助学为辅，教与学的行为通过各种教育技术和媒体资源实现联系、交互和整合的各类学校或社会机构组织的教育总称。

第一个定义只将教与学时空分离和教与学重新整合作为远程教育的本质属性，并不是将学校和教学机构作为远程教育的本质属性，而在第二个定义中将师生时空分离，学生自学为主、教师助学为辅，利用媒体技术，教与学的整合，以及学校和机构都作为远程教育的本质属性，更符合大众对远程教育的理解。

归纳这些定义，人们可以确定远程教育是一种适合各类层次的教育形式，是一种有计划和有目的的教育活动。与我们通常意义上所指的各类教育形式如高等教育、基础教育、职业教育等，没有本质上的差别。因为对“教育”一词的定义是有目的地增进人的知识技能、影响人的思想品德的活动。远程教育作为一种教育形式也正是为了有目的地增进人的知识技能和影响人的思想品德。而“远程”一词则是指物理上的距离。更简单的说法是，“学生和教师不在同一地点或教室”。当然从严格意义上讲，这一距离实际上不仅包括教师与学生，还包括学生与学生、学生与学习资源、教师与教师、教师与教学资源等。

二、现代远程教育概述

（一）现代远程教育的界定

远程教育又有传统远程教育与现代远程教育之分。国内学者对现代远程教育的理解如下：

第一，现代远程教育是指充分利用信息技术的一种新型方式。

第二，现代远程教育是现代教育传播技术和学习理论、教学理论、传播理论相互综合发展，应社会需求而产生的一种新型的教育模式。在这种模式中，教师和学生之间的物质实体相互分离，以学生为中心，运用传播媒介技术和多媒体技术来传递和反馈教学信息，以求最大的教学效益。

第三，现代远程教育既是应用多媒体技术的虚拟化教学，又是应用数字网络技术的教学。

第四，所谓“现代化远程教育”是指通过卫星系统、互联网络以及其他多媒体手段所进行的实况的或非实况的教学活动，它最突出的特点是非线性结构。也就是说，在授课内容、授课时间甚至学习过程方面打破传统的线性框架，使教与学双方自由结合，从而提高教学效率。

当然，还有一些学者认为还是不要有远程教育与现代远程教育之分。他们认为，远程教育是一种相对学校教育而存在的教育形式，它是通过采用新的教育技术和多种教育媒体向那些在空间和地理上与教师相互分离的众多的学习者提供教育的一种形式；远程教育是以师生的准永久性分离为基本特征，以技术性教育手段、教育方法、开放性的教育内容、教育形式和后现代性的教育目的、教育观念为本质特征，开展教与学的过程的后现代教育形式。

我们这里指的现代远程教育的形式与发展，实质是经济和信息技术发展的必然与需求。由于远程教育形式的多样化，其内涵与外延便显得较为复杂，今天，几乎所有的远程教育专家对定义都作过探讨，多年来就其名称而言，就有“远程教育”“远距离教育”“远程教育”“现代远程教育”等多种叫法。我们认为，重要的不是去接受某一现成的定义，而是要求其内涵上能反映出“现代远程教育”的基本特征，并起到其应有的作用，发挥其应有的功能。随着这一教育形式的不断发展与应用，将会产生出更为准确的定义。

（二）远程教育与现代远程教育的区别

远程教育与现代远程驾驭的区别主要表现在以下方面：

第一，主动与被动的学习区别。函授与广播电视远程教育，基本采用分校或教学点集中授课方式，这种形式与普通学校的班级授课模式没有明显的区别。这种授课形式仍摆脱不了学生被动接受知识的传统模式，特定的内容，特定的时间，特定的教材和特定的教学环境给学生营造了一种特定的被动接受知识的氛围。现代远程教育结合文本采用图像、音频、视频和虚拟显示技术传递教学内容，同时采用多种技术实现的因特网和供学习者使用的资源库，实现了教与学之间的交互性，使学习由被动变为主动，由客体变为主体，由指导变为主导，由学会变为会学，由学校选择学生变为学生选择学校、选择专业、选择老师、选择学习内容、选择学习进度。这种区别也是前所未有的。

第二，媒体本身的区别。函授教育和广播电视提供的是视觉或听觉媒体（印刷品、广播、电视），学生只能按提供的定量信息进行订餐消化，不必考虑你吃不了或吃不饱的问题。网络教育由于计算机多媒体以及对信息的选择功能，可提供学生在信息选择上的宽容度和同一教学信息量上的饱和度。

第三，距离上的区别。远程教育或远距离教育的最明显特征是学生和教师不在同一地点，相互之间有一定的地理距离，必须采用多种媒体手段来传播学习内容，这在前面的概念论述中已有过许多阐述。由于缺乏适当的通信手段和媒体本身的功能，学生与教师的交流基本是单向的，反馈也是滞后的。比如广播、电视教学，只能是学生从视、听两个信息传播通道接受信息，无法突破距离的限制向教师提问，教师亦无法当场答疑。建立在计算机技术、网络技术、多媒体技术、双向电子通信技术基础上的现代远程教育，使用的是双向交互式通信媒体，并与教育传播理论、现代学习理论紧密结合，以交互性、网络化、实时性、综合性和适应性为基本特征。摆脱了传统教学和学习理论的束缚，突破了学校、班级课堂教学的樊笼，也改变了远程教育的面貌与概念，使远程教育变为实有距离而似无距离。

三、现代远程教育的特征分析

关于现代远程教育的特征有多种说法，从远程教育的本质看，就其教育、教学优势上分析，现代远程教育具有教学交互性强、打破时空局限、媒体资源丰富、支持灵活自主的开放式学习；而与常规学校相比，现代远程教育又具有教育开放性、教育资源与教育功能的延伸性、学习的灵活性、媒体的中介性和教育活动的可调控管理性等特点。综合来讲，现代远程教育具有以下几个特征。

（一）双向性

这里所提的双向性是指“多维双向性”的概念。所谓多维是指基于网络的远程教育在技术上是可以在同一时间里实现多个维度的信息双向交流和传递。正如人们也将Internet的3W称作“万维网”的概念是一样的。多维双向性的特点反映在远程教育上，就是指教与学活动可以在同一时刻里实现“教师与教师、教师与学生、教师与教学资源、学生与学生、学生与学习资源以及资源与资源”等之间的信息相互交流和传递。这一特点不仅可以使某一学科的多名（或理论上的无数名）优秀教师同时在网上传授（包括研讨）同一门专业课程（或专题）成为可能，而且无数名学生也可以同时共享这些优秀教师的讲授和观点，而此时此刻学生与教师、学生与学生、学生与资源之间的交流也成为可能。从技术上讲，就是在同一时刻可实现一对一、一对多、多对一、多对多的交流。尽管其他教育形式也同样可以实现双向性交流，但通常只能是一对一（或有限的一对多）的形式为主。远程教育与其他教育形式的双向性表现形式可远程教育的多维双向性的特点使得教与学的交流范围在较大程度上可实现最大化。从某种意义上讲，交流的范围越大，人们获得的信息和知识也就会相对地更充分和更全面。虽然计算机网络在技术上已完全具备了信息交流的多维双向性的功能，但在远程教育的实际应用中，真正充分发挥和挖掘多维双向性的作用和功能，还并不是轻而易举之事。就目前而言，我国大多数远程教育的系统和平台，在设计上还没有完全能实现上述的多维双向性的功能。所以作为从事远程教育研究和开发的专业人员，首先是要了解和意识到多维双向性功能的存在，然后才能在具体研究和开发过程中考虑，如何将这一特点充分地结合到远程教育的实际应用中去。

（二）开放性

在网络技术和现代媒体技术支持下，现代远程教育开展将凸显其更为灵活的优势。第一，招生手段更为灵活。在校学生和社会人员可根据自己的学习需求，利用通信技术平台自主参与到学习中；第二，课程设置更为灵活。为满足职业教育和终身学习的需求，现代远程教育在课程设置上更能迎合需求变化，减少了学校正规教育课程内容更新滞后，课程体系僵化所造成的学习与社会需求脱节的影响；第三，学习方式更为灵活自主。现代远程教育依托现代通信技术，使师生可以在异地同时、异时同地或者是异时异地进行教学，利用网络Web技术的强大交互功能，师生的学习交互也变得更为及时和形式多样化，协作学习、自主学习、混合式学习等多种基于网络的学习方式也应运而生，由此所带来的学习收益也成为现代远程教育的一大优势；第五，教学管理更为灵活便捷。现代远程教育的教学管理现在大部分依靠计算机网络完成，许多教学管理平台具有自动管理和远程互动处理功能，学生的咨询、报名、交费、选课、查询、学籍管理、作业与考试管理等，都可以通过网络远程交互的方式完成，从而大大降低了传统管理方式的工作强度，提高了管理效能。

（三）实时性

远程教育的实时性通常被认为是实时地转播教学的内容，也可简称为教与学活动的现场直播。这一特点基本上已得到人们的认可。因为网络技术的性能已完全可以满足实时性的要求。但是从严格的意义上而言，现场直播还不能称得上是现代远程教育显著的特点之一，因为传统意义上的远程教育（广播、电视等）也完全可以实现现场直播的功能。现代远程教育的实时性更重要的特点是要体现在“最新教育内容”的“及时”传播方面。这不仅仅是因为计算机网络具备了实时传播的技术条件（当然也包括传播范围最广的条件），更是由于现代社会要求当今教育应该是将最新的知识（包括科学技术和社会发展的最新信息）及时向全人类传播。知识经济时代新知识和新科技层出不穷，知识更新要求远比人们想象的要快得多。远程教育具有对新知识的实时传播能力，正好符合和满足社会对人们知识不断更新的这一要求。

世界发达国家的许多著名大学和学术机构正是充分利用现代远程教育的方式来及时向全世界传播或公布他们的最新研究成果和在不同学科领域的进展。而在我国，许多著名大学（尤其是已开展网络远程教育的60多所大学）在这方面还是有很大差距的。各个学校在网上开设的课程大同小异，许多教学内容几乎就是将“书本或黑板”搬上网络，而且绝大多数课程似乎任何一所普通大学都有能力开设。这从某种意义上已失去了现代远程教育应该体现出来的对新知识实时传播的特点和优势。所以说，现代远程教育的实时性不仅应该反映在现场直播功能上（这最多也只是一种“硬件”的功能和特点），更重要的是应该体现出如何实时地传播最新的知识和科技发展（这才是远程教育实时性的真正特点所在，与现场直播相对应，它似乎是一种“软”的功能特点）。

（四）超越时空局限性

现代远程教育师生在时间和地域上处于一种分离状态，但现代通信技术的发展使不同地域的交流变得更为便捷和形式多样化，这为看似分离的教师和学生组成教学同盟，并开展形式多样的教学活动提供了可能。

时空性是与实时性特点相关的，一般而言，时空性通常被人们认为是学习者对学习时间和空间选择的任意性。毫无疑问，时空性给学习者带来的益处是明显和重要的。这不仅为学习者自由选择学习的时间和地点提供了可能，而且更重要的是使学习更加适合学习者的个性化（原有基础、兴趣爱好、内容选择、时间长度安排、学习进度控制等）。然而，时空性特点对教学者（教师）也同样起着很重要的作用。教学者对教学上时间和空间的选择同样需要更多的任意性。

比如说，当某位教师在自己的学科研究中获得了最新成果，此刻他或她就可以利用远程教育的时空性（随时随地）即刻（实时）将其成果向人们传授，而学习者也同样可以在第一时间（无论此刻他在何地）获得最新的知识和信息。此外，教师的授课地点也同样可以任意选择（包括家里）。实时性和时空性特点的结合为人们在最早时间将最新的成果传播和共享提供了可能。开展远程教育的院校只有在充分发挥出实时性和时空性的真正优势时，教育和学习才能实现“及时、最新、符合个性、学习自主、学有所用、提高效率”等目标。

（五）交互性

人们将交互性视为现代远程教育与传统远程教育的主要差别之一，这应该是毫无疑义的。从严格意义上说，交互性是一种互动性（相互、主动、交流），简单说是指双方（主要是指教师与学生、学生与学生或学生与学习资源）进行的一种主动交流。交流得越主动，个人的收获也可能就越大。因为从本质上讲，人的知识主要就是通过主动地与他人（也包括外界环境）交流而增长的。当代教育理论也认为“只有当学习者与外界环境发生主动交流时，真正意义上的学习才能产生”。而且“如果学习行为是被动的而不是主动的，学习也将根本无法发生”。所以学习上的“交互性”不仅要发生在双方，更重要的是要体现“主动”。远程教育的特点之一，正是为这种主动的交互或互动提供了最大的可能性。这种可能性是指“学生主动交互”的可能性。从另外一个角度讲，学生主动交互也表示为学习者在学习过程中所具有的控制程度。正如Williams将远程教育的交互定义为“参与者具有的控制程度，以及在双方交互中他们所具有的互换角色的能力”。定义中的“控制程度”和“互换角色的能力”完全可以理解为学习者在交互过程中的主动程度和成为主角的能力。具备了主动和主角的可能，真正的有效学习才能发生。

尽管远程教育具备了交互性的特点功能（异步或同步方式），但真正意义上的学生主动交互是不会自动发生的。尤其是目前多数的“书本或黑板搬家”式的远程教育课程，不仅无法引发学习者主动交互的动机，甚至使得学习兴趣荡然无存。所以为了真正发挥出远程教育交互性（学生主动交互）的特点，开展远程教育的院校不仅要进一步更新教育理念，更要从课程结构形式和内容安排上（包括如何体现本校的学科特色和教学内容的最新性等）下大功夫。

（六）功能无限延伸性

常规学校教育将教育活动局限在有形校园内部，教育资源与教学功能的作用也局限在有限的人群范围内。远程教育借助各种现代媒体技术将教育信息和教学活动向社会延伸，教育资源和教育功能得以向外扩张，受教育人群无限扩大，现代教育的终身学习理念得以实现。

（七）依赖性

现代远程教育是基于现代媒体通信技术基础上进行的教育活动。其各个环节，如学习注册、教学活动开展、作业的布置与提交、评价和信息的交流与反馈等，都离不开现代媒体在其中发挥的中介作用。脱离了现代通信技术，现代远程教育将难以开展，此依赖性虽然给远程教育带来一定局限，但现代通信技术的进一步发展同样会带来现代远程教育新的变革与创新，并产生不可忽视的教育能效。

（八）可控性

远程教育的可控性特点往往会被人们忽略，这是因为传统的远程教育由于“距离”和“单向传播”等原因，使得人们通常认为远程教育往往是不可控的。实际上，远程教育与其他形式的教育一样，都必须对教与学的过程和质量给予必要的控制和监控。正是基于网络的远程教育具备了“双向、实时和时空、交互”的特点，这为可控性的实现奠定了技术基础。

远程教育的可控性特点简单归纳有以下几个主要方面：

第一，教学管理上的控制。由于远程教育的特殊性（主要是教育部门与受教育者不在同一地点），无疑会给教育管理带来较大的困难。具体来说，教学管理涉及学生的注册、课程设置、教学计划安排、教与学的评价、学分统计、学位授予等。从理论上讲，目前的网络在技术上是完全可以支持和实现对这些管理功能的控制的。

第二，教师对教学的控制。与其他的教育形式相比，远程教育中教师利用双向、时空和交互性的特点对教学内容和进度的安排、对学生的学习情况及时给予反馈和评价等方面完全可以实现自主的控制。

第三，学生对学习的控制。学生只有对自己的学习（包括内容的选择、时间和地点的选择进度的确定等）具有了较大的自主权和控制权，学习才能更为主动和有效。基于网络的远程教育的双向、超时空和交互性为学生对学习的自主控制提供了技术的保证。

第四，媒体和资源的控制。远程教育从技术的角度分析是一种基于多种现代媒体的教育形式，媒体和资源是远程教育中不可缺少的重要组成部分，而且对媒体和资源的管理、使用、分配、传输等实施有效控制也是远程教育成功的关键所在。当然，就目前的网络技术而言，对各类现代媒体和资源实现有效控制在技术上是完全可能的。虽然，远程教育的可控性还不被人们特别关注，但它的重要性是显而易见的。不充分发挥和挖掘这一特点，真正意义上的远程教育是无法实现的。

现代远程教育是20世纪80年代以来国际教育发展的共同趋势。我国十分重视现代远程教育，国务院批准实施的《面向21世纪教育振兴行动计划》中指出，实施“现代远程教育工程”可以有效发挥现有各种教育资源的优势，符合世界科技教育发展的潮流，是在我国教育资源短缺的条件下创办好大教育的战略措施。目前，我国各类远程教育发展很快，清华大学远程教育网、北京大学远程教育网、人大远程教育网、天津远程教育网、新疆远程教育网、北大附中远程教育网、101远程教育网、民办高校远程教育网等一批重点大学、中学、民办高校的远程教育。

四、现代远程教育模式

现代远程教育依据不同的组织方式、技术使用方式和教与学的活动方式分为组织模式、技术模式和教与学模式三种类型。组织模式是现代远程教育机构开展规范化远程教育活动的组织形态；技术模式是利用各种媒体技术和教育资源实施教育活动的过程形态；教与学模式是教育教学过程中开展远程教育的活动形态。

在不同模式类型下，现代远程教育呈现出不同的特征。了解现代远程教育模式有助于揭示现代远程教育的内、外部机制，促进现代远程教育的创新与发展。本书讨论跟教学相关的内容，所以下边我们将重点介绍组织模式和教与学的模式。

（一）现代远程教育组织模式

目前国际上现代远程教育的组织模式主要包括三种类型。一种是由独立、专门的远程教育机构实施教育活动的组织系统，有学者把它称为单一院校模式，如英国开放大学、中国中央广播电视大学。第二种是由普通大学创办的远程教育组织模式，也称为双重模式。这类远程教育模式依托所在大学的优质教育资源，通过信息技术手段，开展远程教育活动。第三种模式是由各级教育政府、教育机构委托普通高校的教育部门或由教育机构独立开展的远程教育组织形式。这种模式以培养、培训各类专业人才，实现教育资源的共享为目标，这也是远程教育的一种新型组织模式。由于第三类组织模式还没有形成特定的、规范化的形态，因此，我们也称其为不完全模式或准模式。下面以中央广播电视大学、中国普通高校网络学院等为例介绍现代远程教育三类组织模式。

1. 中央电大模式

中央广播电视大学是中国远程高等教育单一院校模式的典范。目前，中央广播电视大学和地方各级电大正积极发展双向交互的计算机辅助教学和网络教学，以改善远程教育教学效果。中央电大的远程教育特征主要表现在：教育机构或组织通过资源呈现和支持服务两方面对学生的学习施加影响；利用各种技术媒体联系师生并承载资源与课程内容；有更丰富的教学资源供受教育者选用等。中央电大积极探索与开放大学发展相适应的课程观、教学观、课程学习资源建设模式和应用模式；在过程发展中不断完善相关标准、规则和流程，推进课程资源建设观念的转变，推进资源建设能力和建设质量的提升，推进资源的应用与推广，为今后国家开放大学建设优质学习资源奠定良好的基础。中央电大资源网运用计算机网络特有的信息数据库管理技术和双向交互功能，为个性化教学提供了有效地实现途径与条件。一方面，系统可对学生的个性资料、学习过程和阶段情况实现完整的跟踪记录、储存：另一方面，教学和学习服务系统则可基于系统记录的个人资料，给不同的学生提供个性化的学习建议等。

2. 普通高校 网络学院模式

网络学院是中国远程高等教育双重模式的全部教学载体。这种远程教育组织模式依托所在大学的优质教育资源，借助信息技术手段扩大教育规模，实现学校教育功能的延伸。网络学院的组织结构一般包括教学管理部门、技术支持部门、教学研究部门，同时各网络学院下设远程直属站和夜大函授站等。网络学院大多采取数字压缩卫星网、有线电视网或计算机网络相结合的传输方式，将教学资源、校园直播教室的课程授课、多媒体课件、图文资料等学习资源传输到设在全国各地的远程教育站点，或由远程学习者自行通过网络下载。

尽管不同网络学院侧重的传输模式不同，但是这些网络学院无一例外都建立和利用了计算机网络，使用“远程课堂教学”和“网络函授”授课，实现双向实时视音频交互和计算机网络非实时交互。中国网络学院已经从单一网络向三网结合互补方向发展，充分利用卫星网络、专网与互联网的整合优势。在网络学院组织模式下，学习资源和课程设置都是由网络学院统一管理，全国各地的远程教育站点负责面授辅导、答疑和组织考试。

中国网络学院目前提供的课程以学历教育和非学历教育为主，其中学历教育包括研究生教育、本科教育和专科教育；非学历教育包括各类岗位培训和资格考试辅导、在职人员继续教育和短期培训等。随着网络学院的深入开展，不同网络学院的未来发展军心也有所不同，如清华大学网络学院逐渐以发展非学历教育为主，而人民大学网络学院则以学历教育作为重要的学源。试点高校网络学院发展较好的学校包括清华大学、浙江大学、人民大学、北京邮电大学、上海交通大学等。目前，中国各所网络学院都朝着特色、创新的方向发展。在这些网络教育机构中，网络课程和软件的建设是促进网络教育质量提升的共同之路。

3. 远程教育培训工程

为实施科教兴国战略，大力发展现代远程教育，形成开放式教育网络，构建终身学习体系所提出的一个重大建设项目。它是为了积极开展远程教育，迎接社会发展对教育的挑战，满足更多人受教育的需要，构建学习型社会。它是在原有远程教育的基础上，通过计算机网络平台与传输系统和教育资源与法规制度等现代远程教育基础条件建设，充分利用现代信息技术和各种优质教育资源，为我国各级各类学校的人才培养和社会各类人员的继续教育与知识更新等提供服务的系统工程。这一工程主要包括以下几项内容：中国教育和科研计算机网（CERNET）高速主干网和中高速地区网建设；中国教育电视台卫星宽带多媒体传输平台的建设；现代远程教育扶贫示范工程；全国远程教育资源库建设；大学数字博物馆建设；现代远程教育关键技术与支撑服务系统建设等。以现代远程教育工程为依托，各级教育政府、教育机构委托普通高校的教育部门或由教育机构独立开展的远程教育活动，通过网上授课、面授答疑，网上管理、学生自主学习等多种组织形式，实现专业人才的培养。如河北省教师教育技术培训平台就以河北省教育厅和河北大学现代教育技术资源中心为依托，开展全省的教师信息技术培训，取得了很好的成效。远程教育培训工程作为一种新型的现代远程教育组织模式，未来一定会有更广阔的发展空间。

（二）现代远程教育教与学的模式

现代远程教育教与学的模式是现代远程教育的一类重要模式，是基于特定的远程教育组织机构而实施的新型教育活动形态。在不同的组织模式和技术模式下，由于使用不同的通信技术，现代远程教育教与学的模式也有所不同。根据远程教育机构的招生对象、专业特点和采用的教学技术平台不同，现代远程教育的教与学模式可以分为自主学习模式、面授学习模式和面授—自学结合的模式。

1. 自主学习模式

自主学习模式没有固定的教学时间和教学地点，学生可以在任何能够获取学习资源或具备上网条件的地点学习。学生以自学为主，远程教育机构提供个别化的学习支持服务。学生在自学教材和多媒体课件的基础上，通过互联网进行网上讨论、作业、课程辅导，也可以选择参加远程教育机构在教学点开展的面授辅导，最后在当地教学点参加考试。例如，中国人民大学网络学院就采用“教材自学+课件自学+作业+答疑讨论+考试”的自主学习模式，学生可以按照自己的需要和计划开展学习。这种模式要求学生具有较强的自主学习能力，具备计算机网络运用的条件和基本技能。远程教育机构必须提供及时的学习支持服务，才能有效地达到学生个别学习的要求，这对远程教育机构提供学习支持服务的多样性和灵活性都提出了较高的要求。自主学习模式下的学习支持活动主要包括：网上实时答疑，通过电话、实时在线交流系统与辅导教师进行学习交流，通过邮件、论坛方式与教师进行异步学习交流、反应学习情况，辅导老师定期查看、及时回复论坛信息，学生通过电子邮件提交作业，辅导教师负责批改和及时回复等。英国、芬兰、加拿大、澳大利亚等国的远程教育一般以自主学习模式为主。

在远程教育培训模式下，学生可以通过BLACKBOARD或MOODLE等基于Internet网络学习平台进行学习，最大限度地发挥学生的主动性、积极性。既可以进行个别化学习，又可以进行协作学习，形成一种全新的网络教学模式。这种教学模式可以完全按照学生的个人需要进行，不论是教学内容、教学时间、教学方式，还是指导教师都可以按照学生自己的意愿或需要进行选择。

2. 面授学习模式

面授学习模式通常以工作单位或社区学习中心为单位进行，强调师生人际交互或基于电子通信技术的双向交互以及学生的集体学习，大多数学习支持服务都在教学集体班组中实现。例如，中国广播电视大学的教学就模仿全日制学校，大力组建众多的教学班，实施电视教学和面授讲解相结合的教学方式。课堂教学这种组织形式有着其他教学组织形式不可替代的优越性，学生在集体的学习氛围中，对所学知识的理解、学习进度的把握、学习氛围的形成和学习习惯的培养都非常有益。同时远程教育中的班级教学还增加了考核学习、管理学籍等教学管理功能，加强了面授学习模式的效果。在普通高校举办的网络学院中，也不乏采用面授学习模式的例子，如北京大学远程教育高中起点本科各专业实行脱产学习，浙江大学网络学院的计算机科学与技术、法学等4个专业的高中起点本科要求学生全脱产学习，招生对象为参加普通高考的高中毕业生。对于没有接触过高等教育、高中起点的远程学习者而言，采用面授学习模式是非常必要的，这可以帮助学习者顺利实现从初等教育到高等教育的过渡，迅速掌握学习方法。然而班级教学也有其缺陷。远程教育毕竟有着不同于全日制学校的特点，远程学习者一般都是在职人员，固定时间、固定地点的面授学习往往不能全部参加，因此，远程教育的开放性和灵活性特征，要求人们不能单纯使用某一种教学组织形式。

3. 面授—自学结合的模式

除了自主学习模式和面授学习模式以外，现代远程教育经常采用的是面授—自学结合的模式开展远程学习。中国清华大学、北京大学、湖南大学、东南大学、浙江大学等网络教育学院均采取这种模式。这一活动模式既可以发挥远程学习者的自主性与积极性，同时又能够加强师生之间的交互，更能有效地帮助学习者实现学习目标。

五、我国远程教育存在的问题

高校的远程教育发展很快，尽管采用的技术方案有所不同，但多数学校似乎有一个共同之处：都把开展远程教育当作学校扩大招生的手段，主要招收参加高考的应届高中毕业生。高校远程教育的这一定位，没有体现出远程教育的开放性特征，相反，却沿袭了学校面授教育的某些封闭性特征。在教学上，也没有充分发挥远程教学的各种有利因素，而是套用课堂面授教学的一些做法。

下面就谈谈我国远程教育试点中反映出来的问题：

第一，观念没有及时转变。远程教育是一种新型的教育形式。应该首先对远程教育的特点和规律进行研究，特别是这种以学生为中心，以时间分离、空间分离、师生分离、教管分离为主要特征的教育，在教学、管理、教材、学习支持等方面有许多新问题需要研究。远程学习的学生和高校在校生有很大不同，无论是文化基础，还是学习环境和社会负担等方面都存在着差异，远程学习的学生需要自主安排学习计划、学习进度，他们没有固定的班集体。学习过程中会遇到各种各样的困难和问题，不仅要有教与学之间的实时或非实时的信息反馈，还需要健全的机构提供相应的学习环境，给予他们周到的学习支持服务，及时解决他们的疑难。如果没有一种新的理论和观念。这种传统教育加新技术的模式很难有大的前途。

第二，教学资源重复建设。我国许多学校现在都非常重视网上远程教育的发展，并已开始发展网上的远程教学，建设网上的教学资源。但各个学校在开展远程教学时，在网上教学资源建设方面仍存在重复建设的问题。许多学校在开展远程教学时，从教学系统支持平台、教学管理系统到每一门课程都是全部重新开发。这样不仅需要大量的资金投入，而且需要投入大量的人力。现在许多学校的网上远程教育是与企业联合办学，企业出资金和技术，学校出牌子、教学力量和教学管理，这种办学基本上属于一种市场行为，为了生存必须盈利，讲求规模效益。在这种情况下，试点学校各自为政，合作是比较困难的，就容易造成各学校在教学资源上重复建设。

第三，远程教育网络的利用率不高。网上资源匮乏，远程教育网络的利用率不高。远程教育网络建设的目的是扩大教育规模，给更多的人提供受教育的机会，构建国家的终身教育体系。而就我国目前远程教育的现状来看，面临着“有路无车”的难题。网上资源不够丰富，已提供的资源还不能适应学生自学的需要。各试点学校在教学资源建设方面尽管做了许多工作，但学生反映所开课程的资源内容仍然不够丰富、形式单一。有的不便学生自学，缺少学习方法和思路的指导等。有一些双向视频和卫星传送的课堂讲课还停留在大头像和照本宣科的水平：提供的讲稿存在着文字教材的电子化现象，学校原有的多媒体课件和电子教案也缺乏整合和重新教学设计，不适合远程学生的学习需要，也很难发挥出远程教育的优势。

第四，教学形式单一。由于受传统学校封闭式教育思想观念的影响，对远程教育人才培养模式缺乏总体设计，一些学校在远程网络教育中基本采用原有学校的教学与管理方法，加之教学点网络环境和条件还不能满足要求等原因，计算机网络优势没有发挥出来，还没有形成学生自主学习的教学模式。虽然各试点学校采用了多种技术手段创设交互的环境，可是网上和卫星教学基本上还停留在以教师“教为主”的教学模式上，学生处于被动学习状态。多数教学点“学生自主学习”的模式还没有真正建立起来。有的学生反映，现在有些课程是“远程讲课满堂灌，文本讲稿网上传，课上讲的吃不消，只好下载念讲稿”。目前，由于多种原因，完全基于计算机网络的教学还不是试点高校的主流形式。学生通过网络，主要是来获取教学信息、浏览课程内容，应用较多的是e-mail提交作业、反映问题，与教师进行非实时交互。

第五，教师素质亟待培养。在远程教学中，教学的中心由传统教学以教师的“教”为中心变为以学生的“学”为中心，学生成为教学的主体。但教师的主导作用在教学中仍然很重要。没有教师的主导作用，教学是难以进行的。然而，对于许多教师来说，长期进行传统的课堂教学，在这方面也积累了丰富的教学经验，已习惯了传统的课堂教学。面临网上远程教学，首先从教学思想和观念上会不太适应这种新的教学环境，有些教师由于难以适应，会从心理上排斥新的教学手段，仍沿用传统的教学方法，使远程教育质量难以提高。因此，应首先帮助教师转变教育观念，以积极的态度去面临新的教学环境，探索新的教学方向；其次，应加大力度对教师进行培训，使教师能尽快掌握远程教学的基本知识和技能。

第五章 大学英语任务型教学模式改革创新研究

第一节 任务型教学模式下大学英语教学改革的现状与内容研究

作为高等教育的重要有机组成部分，大学英语课程是非英语专业大学生的一门必修课程。随着我国经济建设的迅猛发展和国际交流的日益增多，这门课程的改革步伐也从未停歇，其重点主要放在培养学生的英语实际应用和交流能力方面。目前，大学英语教学虽然已经取得了不可否认的成绩，但也存在着一些亟待解决的问题，如教学理念、教学方法、教学模式及手段等方面都需要作出重大改革。

近几年，由于各省市高中阶段对英语考试政策的大范围调整，高等教育中大学英语教学改革也迫在眉睫。目前的大学英语教学主要存在以下几方面的特点。首先，教学目标考试化，教学内容书本化。以四六级考试为主线的教学活动，忽视了学生的语言实际应用能力，包括跨文化交际能力，自主学习能力，甚至是基本的听说能力，都没有得到足够的重视。其次，教学模式单一化，教师“一言堂”的现象普遍存在。声讨了十几年的“填鸭式”教学模式，至今仍然存在于大学英语的课堂之上，教师的角色被定义为知识的传授者，课堂的主导者，所谓师生互动不过是教师一厢情愿的自问自答。学生的角色一直是被动的学习者，笔记满满，高分低能。最后，人才培养模式单一，对教学质量的重视程度不够。很多高校先后进行了外语教学改革，大多采取分级教学以期因材施教，教学效果并未有效得到改善。

一、大学英语教学普遍存在的问题

第一，以考试为终极任务的教学模式不能满足学生的实际需求，课堂教学内容大多与岗位需求脱轨，应试的知识结构和学习能力，难以达到实习与就业的实际需要。多数企业表示，毕业生是先实习，再学习，最后才能就业。

第二，大学英语教学存在效率低下的现象。多数学生虽然考试成绩尚可，但不能熟练阅读英文原版书籍，口头交流存在障碍，写作能力低下，不能满足岗位群的业务能力要求，使得许多毕业生空有一纸文凭，却始终徘徊在职场之外。

第三，大学英语的教学以词汇讲解、语法举例为主，教师缺乏对学生进行自主学习能力的培养和跨文化交际能力的历练，学生在使用外语进行交流的过程中会出现不合时宜的表达，脱离了国际化全球化的大时代。

第四，作为教师，未能有效地引导学生增强自主学习的能力，使得学生过分地依赖课堂，又倦怠于课堂，形成了一种“以教师为中心，以讲授为主体”的课堂氛围，课堂外的自主学习几近于无。

二、任务型教学法

20世纪80年代以来，任务型大纲（task-based syllabus）作为一种新型教育理念，被逐渐认可为一种有效地教学方法。随后，任务型学习模式（task-based learning）也因而得到进一步的发展。所谓“任务型的教学模式”就是指学生在教师的指导下，通过感知、体验、实践、合作等方式，实现设定的任务目标，并完成目标。任务型教学法旨在赋予英语课堂教学新的内涵，并给课堂带来新的生机和活力。

任务型教学模式的特点在于：首先，任务高于一切。任务型教学法最重要的观点就是课堂设计要以完成任务为核心，而不是对语言基础技能的讲授和灌输。它主要强调教学环节外的任务设置，教学活动中的任务完成过程，以及教学效果的评价。教师要从学生的角度设计教学任务，使学生在可以执行的能力范围内连续的进行一系列的任务体验，体验成功的喜悦。其次，交际高于一切。任务型教学法以培养学生外语交际能力为出发点，强调提高学生的交际能力是任务完成的主要考核标准。因此，教师应还课堂予学生，充分发挥学生的主观能动性，激发学生交际的动机，引导学生进行大量有内容有意义的语言交际，如演讲，辩论等课堂活动。这种教学模式使得语言的习得变得既轻松愉快，又丰富多彩。

（一）任务型教学法的内涵

任务型教学法是被应用语言学家和外语教学实践者广泛认可和接受的一种外语教学方法。语言学家David Nunan曾对任务型教学法进行了概括，他强调学生要学会用目的语互动交际；教师负责将真实文本引入学生的学习环境；为学生提供关注语言，而且关注过程的机会；除此之外，学生的个人学习经验、人生阅历的增长会促成课堂学习；课堂学习与校外学习是密不可分的。任务型教学的内涵强调教师必须依据教学目标，进行符合学生实际的课堂设计，贴近学生的生活，又富有时代的色彩，让学生以多种多样的形式参与到课堂活动中来，如通过调研、查阅、小组讨论、采访等方式来学习和使用英语，学生们要以所谓“意义”为中心，调动自己所有的资源，来进行“意义”构建，从而解决某种交际的问题。

（二）任务型教学法与传统大学英语教学模式的优势

任务型教学法的优势与传统的大学英语教学模式相比，任务型英语教学显示出其特有的优势。

1.教学目标明确

它可以高效地引导学生完成基本的学习内容，如语法知识、阅读技巧等。更重要的是，明确的教学目标可提高学生的自主学习能力，充分调动学生的学习积极性，而且也从教与学的互动角度，提高了教师讲授的积极性，提升了教师实践教学能力，为科研工作提供了可靠的实践经验，以学促教，以教促研，是一种双赢的体验。

2.激发学习灵感

教师可跨越多个知识领域、运用多种研究方法设定课堂任务，使学生的学习兴趣得到调动，从而激发他们创造性地完成既定目标，达到良好的教学效果。首先，这会使学生在语言习得的过程中得到更多的学习体验，如查阅资料、走访调研、互助合作、发挥想象力等。其次，这也帮助他们提高了自己的语言综合运用能力，如演讲、辩论、朗诵、写作等。

三、任务型教学模式下大学英语教学改革的主要内容

（一）转变教学理念，提高教学水平

外语考试不应被视作大学英语教学的终极目标，要在确保学习效果的前提下，彻底摒弃把考试通过率视为衡量英语教学水平高低的错误观念。学生是课堂教学的主体，大学英语的教学模式由以教师为中心转变为以学生为中心；教师是课堂的引导者和帮助者，其角色应从知识的传授者转变为实践能力的指导者和教学质量的监控者；大学英语教学的重点要从语言的基础知识传授，转变到语言文化的熏陶，与语言实际应用能力培养上来。

（二）完善课程体系和人才培养方案

课程体系的调整不是单一的某一课程或者某一学科的变动，而是涉及整个教学计划的统筹和教学大纲的修订。作为人才培养方案的一个重要方面，教学管理部门应以本校的实际、学生的实际为最根本的出发点，就大学英语的改革而言，不仅包括了语言知识和传授和语言技能的训练，还包括重点突出听、说、读、写、

译等语言应用能力的培养。制定一整套完整的考核方案，科学地、合理地进行与时俱进的调整，集众力最终达到这一教学目标。

（三）优化教学方法，调整课堂角色

教学方法的优化主要依靠教师与学生课堂角色的转换，要彻底改变以教师讲授为主线的课堂秩序，教师要做学生的引导者和帮助者，把备课的精力主要集中在为学生提供优质的、有效的、正能量的课堂任务中去，培养学生完成任务的能力，从而提高他们的自主学习能力，扩宽他们的知识储备，使他们成为具有一定语言交际能力的新型人才。因此，教师应有的放矢地去调整教学方法。如多媒体数字化教学、校园网络教学平台、手机软件选课评教系统等。与此同时，学生要在教师的引导下，出色地完成课堂任务，以完成任务为目的，高效地学习，从而不断增强自己的语言应用能力。

（四）提高教学质量，注重师资队伍建设

提高教学质量的主要途径是充分利用先进的教学手段。目前很多教学资源都配备了先进的课件和网络资源，如一些网络课程的开发、多媒体资料的运用、以及微课和慕课等多种教学方式的推广，这些先进的教学方法和教学理念对教学质量的提升都有极其深远的影响。同时，应在教学过程中，教师应该不断地进行实践反思，采用问卷调查等形式对教学效果进行调查和检验，为提高教学质量提供可靠的第一手资料。学校还可成立教学质量监控部门，请专家进行听课、评课，择优聘用教师，低职高聘。从而激励教师不断地提高自身素质，确保教学质量的有效提升。

综上，正如大学英语改革所强调的那样，任务型教学模式必须实行个性化教学，充分发挥教师的课堂导向作用，课堂内外都要秉承“以学生为中心，以学生为主体”的教学理念，以学促教，以教促研，保质保量完成教学任务。只有这样，大学英语改革才会取得较好的效果，帮助学生提高语言的实际应用能力和自主学习能力，有效增强教师的综合素质和业务水平。

第二节　任务型教学模式下大学英语课堂教学改革的实践研究

大学英语是我国高校大学生的一门必修课。教育部制定的《大学英语课程教学要求》中指出新的大学英语教学模式应体现语言教学之实用性、趣味性及知识性，这有利于最大化调动课堂上师生参与的积极性，特别是展现课堂上学生的主体地位和教师的主导作用。

一、任务型教学模式

（一）“任务”的概念

“任务”在外语教学领域是个意义多重的术语。从教学视角来说，Numan认为“任务”是任何学习者理解，生成目标语，和与目标语互动地注重语言意义而非形式的课堂行为。Lee提出“任务”是一个只有通过参加者之间的交互方能达到的学习目的课堂练习或活动。Ellis谈及任务是以语言意义为中心的语言应用行为。由此可见，“任务”重视语言意义，带有特殊目的性，同时强调语言交际和实际应用能力。教师要根据课堂教学的具体目标来设计各项能有机结合课文词汇、语法与功能的活动以完成教学任务，并达成教学目标。

（二）任务型教学模式

Jane Willis提出任务型教学实施应坚持运用语言交际、提供真实有价语言资源、激发语言学习者实际语言应用、分阶段划分侧重点的原则，并依此原则要求，设计出如下3个阶段的任务型教学模式：（1）前期任务，即引入题目和介绍任务阶段；（2）任务执行阶段，包含任务的实施、计划和报告；（3）语言分析阶段，注重语言形式的分析和练习。该模式的核心是“从做中学”，教师在设计任务活动时应了解教学要求和语言内容，制定活动计划，定位师生角色，明确活动方式，考虑监控手段。通过任务活动的开展使学生带着明确的任务目标积极主动学习，能驱动师生双向或生生多向的互动，有助于训练各语言技能，培养其语言综合应用能力。

二、研究方法

在2018—2019学年第二学期（春季）组织了教学对比实验，实验组在大学英语课中采用任务型教学模式。在课堂上通过设计各项任务让学生自如地运用目的语。控制组还是以教师为中心，采用教师讲授为主的教学途径。

（一）研究对象

实验的对象来自随机抽取的2018级大一非英语专业的两个班级：针推一班和中医二班。针推一班58人，作为实验组，运用任务型教学模式展开教学；中医二班62人，作为控制组，采用传统教学方法教学。

（二）研究设计

在实验中，除实验所要求的变量外，实验组和控制组的其他教学情况完全一样，即教材、教师、课堂教学课时等全部一样。

对实验组针推1班采用任务型教学模式。对控制组中医2班采取传统的教学途径，先讲授词汇和结构，再讲授课文，最后进行练习，完全以教师为中心。

在本次大学英语课教学改革中，任务型教学模式使学生变成了课堂的主体，大幅提高了学生学习的主观能动性，充分体现了其以学生为中心的教学原则，取得了一定的成效，也得到了学生们的认同。但在任务型教学模式实施过程中还有几个方面的问题有待于今后进一步解决。首先是教师自我定位的问题，教师的角色应当由以前主导课堂教学转化成引导、组织、参与和监控课堂教学。其次是课堂上合理分组的问题，如何有效分组，使更多学生参与到课堂任务活动值得思考。另外，任务型教学模式给大学英语教师提出了更高的要求，教师如何根据课文具体内容安排教学活动，指导和督促学生完成语言、认知、文化及情感任务，需要教师在教学实践中不断摸索。

第三节　任务型教学模式在大学英语教学改革中的运用

教育部颁布的《大学英语课程教学要求（试行）》指出：“大学英语的教学目标是培养学生的英语综合应用能力。”多年来，许多学校的大学英语教学受大学英语四、六级考试的影响，主要采用应试教育教学理念，虽然目前诸多学校学生四、六级通过率逐年上升，但是学生的英语实际应用能力仍然十分薄弱，这与教育部颁布的大学英语课程教学要求背道而驰，为实现教学目标，大学英语教学改革势在必行。教师作为教学活动的组织者，教师教学理念的更新和教学思想的转变是有效实施大学英语教学改革的关键。如何实现有效地教学改革是每一位一线教师需要思考的问题。首先，教育的指导思想应从应试教育向素质教育转变；其次，教学内容应从注重语言知识的传授向注重学生交际能力的培养转变；最后，教学模式应从以教师为中心向以学生为中心转变。在交际语言教学的基础上逐渐发展和形成的新的语言教学模式——任务型语言教学是实现上述三种转变的有效途径。

一、任务型课堂教学设计的理论基础

任务型语言教学（task-based language teaching）是20世纪80年代国际应用语言学界借鉴教育学、心理学、社会学等相关学科的理论和方法运用于外语教学，通过大量理论研究和教学实践提出来的一种新的教育理念。第二语言习得理论区分了“学习”和“习得”是两种截然不同的学习效果。这种认识对高校改革传统课堂中注重语言形式而忽略语言交际有重要的指导意义，教师应意识到要把教学的重心从“怎样教”转向“怎样学”上面来，促使课堂教学交际化。新的教学模式应该调动课堂内外有利于学生学习的各种因素，结合具体课堂教学内容和目标，

进行课堂设计，并系统地加以实施。任务型语言教学把语言应用的基本理念转化为具有实践意义的课堂教学模式。

Nunan认为任务型语言教学是将真实的语言材料引入学习环境，给学习者提供学习语言的环境和过程，并在这个过程中把学生个人的学习经历作为课堂学习的重要资源，与课堂语言学习和课外语言学习连接起来，从而达到通过目标语学会运用语言的目的。

语言教学中的任务的完成都要求语言的实际运用，任务主要包含下列因素：语言的实际运用、具体的活动、活动的实际实施。换句话说，任务型语言教学应该基于教材上的内容为学生提供一系列课堂内外活动计划，学生必须通过使用目标语，完成这些活动，在这一真实过程中，学生能运用各项语言技能，实施一系列的认知活动，最终完成任务，达到交际目的。

二、任务型语言教学课堂实施步骤

任务型语言教学课堂实施步骤由三个阶段组成：前任务阶段（pre-task phrase）：本阶段的目的是让学生通过实施课堂教学任务促进语言习得，教师引入课堂主题和布置任务，并帮助学生理解任务的要求。在这一阶段中，教师要充分利用大学英语教改的环境，来弥补课堂学习语言环境的不足，通过将前任务阶段延伸到课外自主学习，让学生有足够的语言输入，教师要求学生通过听觉和视觉大量感知真实的语言材料，通过多看、多听、多读来接触和理解真实语言材料，构成任务环阶段的语言输出基础。

任务阶段（task cycle）：在这一阶段，学生为完成交际任务而尽已所能运用已学的语言知识表达自己的思想，各组学生采用行之有效地方式向全班同学报告任务完成情况。

后任务阶段（post-task phrase）：本阶段中，学生就执行任务情况进行汇报，教师鼓励学生对正式任务成果进行反思，从而进一步学习、巩固和掌握前阶段所运用的语言知识。教师还应适时指出任务完成过程中的遗漏内容、学生的语言错误，从而提高学生分析问题的能力和语言表达水平。

三、任务型教学模式课堂任务的设置与实施

以《新世纪大学英语》（*Man and Nature*）为例，具体说明上述教学过程的设置和实施。根据教学原则、教学步骤，在完成本单元教学的整个过程中，共设计五个活动。

Follow-up activities是课堂引入活动，使学生能一目了然地把握本单元主题。教师向学生播放一段视频，该视频向学生呈现一组图片，观看完毕之后，要求学

生小组讨论，引导学生总结出：该组图片显示了城市化进程和人类文明的进展过程，同时，这一过程也就是森林被砍伐，大自然被破坏的过程。在引出话题后，提出问题，“What do you think we do to preserve the nature?”供学生思考，通过回答问题这样的活动，学生可以根据已有的知识和其他同学进行交流、讨论，从而很自然地进入第二阶段的正式任务：课文阅读。要求学生从课文中找出作者就人与自然之间的关系发表看法的句子，以及作者提出解决办法的句子，并通过正误判断题、完形填空、解释、举例等练习形式理解这些句子，对文章的理解为下一个活动做好准备。在学生对课文充分熟悉后，教师要求小组同学合作准备presentation，这一活动是最高要求的任务活动，演示组的同学通过这一活动，实际运用英语向全班介绍有关内容，其他同学通过观看他们的演示了解他们不太清楚的内容。这一活动为较高难度的活动，按照任务的三个阶段具体阐述任务的施行。

（一） 任务前阶段

Work in groups to prepare a presentation on one environmental problem such as deforestation，water pollution，acid rain，global warming，or hazardous wastes，etc. You may find the information you need from the Internet.Your presentation should cover the causes，effects and solutions of the environmental problem you work on.

教师要求每个小组选定一个环境问题，并对每个小组的presentation应该涵盖的内容作出具体的限定和要求，在话题和任务具体明确的条件下，学生在课前协作搜集资料时能有针对性地选择最有价值、最权威的信息。教师提前三个星期给学生布置任务，这样确保学生有充足的时间对所要研究的问题进行多渠道、多角度的资料收集。同时教师应该给学生提供资料来源，如提供网站地址或参考书目名称，使任务简单化，让每位同学有能力完成任务。在任务前阶段，每个小组的学生既能锻炼收集、整理、归纳、总结材料的能力，也能提高分析问题的能力。在学生完成任务后发现，学生在这个阶段所做的工作和他们在这个阶段所培养起来的能力远远超过教师的预期。学生除收集资料外，还做了调研工作，他们充当记者进行街头采访，将采访摄像并做成视频文件。学生在完成任务的过程中充分体验了快乐，也提高了动手能力与交际能力，充分发挥了自己的才智和创造力。

（二）任务中阶段

教师要求每个小组向全班同学展示成果，再由其他同学结合课文介绍的知识，向他们提问以达到交流信息的目的，这样，不仅锻炼了学生的表达能力，也提高了其他同学以发问的方式获取知识的能力。在这一阶段，学生运用自己的语言能力和交际策略向全班同学展示小组的劳动成果，锻炼了语言表达能力和沟通能力，也增进了学生彼此间的交流，真正实现了生生交流。

（三）任务后阶段

教师对每个小组的presentation的内容和语言进行评价，对各小组的presentation的要点和话题进行概括性小结，并指出带有普遍性的语言错误。在实际的教学过程中，教师应遵循任务型教学法的原则和理论来引导和指导学生完成任务，Krashen认为，语言习得必须是在大量可理解性输入的前提下从交互性的输出中得到发展。任务型教学要面向全体学生，任务的设计要以绝大多数学生为中心，同时要考虑到学生之间的个体差异，难度要适中。任务的设计要有层次性，注重由简到繁，由易到难，层层深入；任务与任务之间应相互关联，并层层递进。随着课堂进程的发展，任务在其内容的拓展上、语言知识的难度上、各种能力的训练上都应体现出渐进性和发展性。所有的任务都必须具有合理的挑战性，只有这样，学生为完成任务付出的努力才会有收获。

与传统的课堂教学不同，这种基于网络和多媒体技术的任务型教学模式可以构建开放的教学空间，使教学活动由课内延伸到课外，这样可以大大提高教学效果。首先，内容更加丰富，学生不再局限于课本材料，而是围绕课文提供的主题所设计的任务，利用大学英语教改环境，根据个体差异围绕任务去进行学习，从而满足不同层次的个性化学习要求；其次，形式更加多样，学生的学习也不再局限于课内教师教，学生学，或者单纯地在课外利用多媒体技术和网络资源进行的自主学习，而是学生通过多方位形象直观的交互式学习环境，使学生作为认知主体，让学生开启学习的内在动力，激发出学习的积极性，这样，从长远来看，有助于学生自主学习能力的提高。总而言之，任务型教学模式是通过模拟出真实而有意义的语言环境，向学生提供较好的语言输入和输出，使学生在互动的语言环境中完成任务，实现语言的实际运用。大学英语教改环境下任务型教学的设计有效地改善了语言学习的环境，基于计算机和网络的任务型教学模式使教学不受时间和地点的限制，朝着个性化学习和自主式学习的方向发展。

第四节　以任务型教学模式推进大学英语课堂教学改革

近年来，在交际教学思想指导下以任务为中心的语言教学方法得到了不断的发展。任务型语言教学是在认知心理学基础上吸收第二语言习得领域的研究成果，把语言应用的基本理念转化为课堂教学实践的教学模式。这一教学理念强调以学生为主体，提倡“意义至上，使用至上”的教学原则，要求学生通过完成任务，用目标语进行有目的的交际活动。Nunan认为任务型语言教学是将真实的语言材料引进学习环境，给学生提供语言学习的过程，并在这个过程中把学生的个人经历作为课堂学习的重要资源，与课堂语言学习和课外语言活动相结合，进而达到通过目标语学会运用语言的目的。

一、任务型教学模式的理论与发展

随着教育改革的深入和教育观念的更新，任务型教学理论逐步被世界各地的英语教育工作者接受和认可，并得到很大发展。我国对任务型语言教学在课堂教学中的应用和研究日趋广泛，受到人们越来越多的关注。Willis在她的著作《任务型学习模式》中提出，以任务为基础的课堂教学分为三个阶段，即根据任务教学中的任务整体构成及其循环规律，一个完整的任务的构成主要由前任务、任务和后任务三个阶段构成。在前任务阶段教师通过介绍任务话题和任务要求，能动地发挥减轻学生的认知负荷和交际压力的作用，满足他们的认知需求和语言需求。在任务进行过程中帮助他们选择任务进行的方式和处理任务的方式，激励学生积极主动地进行竞争、合作、协商，努力完成任务，并适时给予必要的帮助。教师在后任务阶段的积极作用是在总结任务完成的结果和得失的基础上，重视归纳和分析学生在用语言做事完成任务的过程中的语言形式，有针对性地练习和强化相关的语言知识和交际技能，达到通过语言实践更好地掌握语言的目标。

二、交际教学对大学英语课堂教学的要求

教育部颁发的《大学英语课程教学要求（试行）》要求大英语教学应该“倡导任务型的教学模式，让学生在教师的指导下，通过感知、体验、实践、参与和合作等方式，实现任务的目标，感受成功。”《大学英语课程教学要求（试行）》明确了大学英语教学将朝着个性化、立体化、网络化方向发展。它更加注重英语实际应用能力的培养，把英语当作一种交际工具，用于对外交际沟通，服务于专业、科研的要求或者是满足毕业后所从事的某种职业的需要，全面提高大学生的英语综合实用能力。在采用任务型教学时，教师不能脱离教学目的与教材，在设计任务时，教师必须考虑语言知识目标、语言能力目标；要考虑如何使学生掌握教材中的语言点，并把这些与任务活动结合起来，脱离语言知识和语言技能的培养而谈论学生的综合语言能力是不可能的，也是不符合语言教学逻辑的。

目前，任务型语言教学已经在我国的中小学英语教学中广泛应用，这一教学模式尚未在大学英语教学中普遍运用。为了落实和实现《大学英语课程教学要求（试行）》的目标，在提倡任务型教学的前提下，大学英语教师要在教学目标的指导下施教，主动从自身主导型向学生主导，以学生为中心的学习形式转化，使学生能在任务教学方式下感受成功，并在学习的过程中获得情感体验和调整学习策略，形成积极的学习态度，促进其语言实际运用能力的提高。大学英语教师应该结合实际，学习和吸收现代语言知识、学习论和第二语言习得研究和外语教学研

究成果等有关知识，进一步深入了解交际教学法的深刻内涵和任务型教学的基本要求，改变课堂教学模式，主动适应新的要求，注重培养学生的自主学习、合作学习意识和实际语言交际能力，变单纯的课堂知识传授型的教学为交互、动态的以任务为主要形式运用语言解决实际问题的学习形式。

三、任务型教学模式在大学英语课堂教学中的应用

任务型语言教学的核心思想是要模拟人们在社会生活、学校生活中运用语言所从事的各类活动，把语言教学和学生在今后日常生活中的语言运用结合起来，培养学生在真实生活中运用英语语言的能力。这种教学模式由于强调学生是认知过程的主体，是意义的主动建构者，因而有利于学生的主动探索、主动发现，有利于培养创造型的人才，这是其突出的优点。任务型教学注重真实场景下的、以明确目标为导向的语言交际活动：它要求学生通过完成任务的学习活动来掌握真实场景下的、以明确目标为导向的语言交际活动；它要求学生通过完成任务的学习活动来掌握真实、实用和有意义的语言，提倡以教师为主导、以学生为主体的教学活动；它倡导体验、实践、参与、交流和合作的学习方式，学生在参与教师或教材精心设计的任务型学习活动中认识语言，运用语言，发现问题，找出规律，归纳知识和感受成功。任务型教学模式的根本特征是以任务为核心单位计划、组织语言教学的途径。它既注重语言的陈述性知识输入又注重语言的程序性知识输出和交际，是一种语言学习的理想状态。它围绕完成的任务，调动学生综合运用听、说、读、写技能参与教学活动，学会用语言做事的能力。它重视语言学习的交互性、真实性、过程性、学生的参与性和学与用的相关性，是真正意义上的以学生为中心的教学途径。任务型教学模式以培养学生语言实际应用能力为落脚点，学生在大量学习和使用英语的交际活动过程中应用语言，掌握各种语言规律，巩固语言知识，获取语言技能。教师必须转变教育教学观念，转变教师角色，为学生创造大量使用语言的环境，使学生在大量交际活动中，使用语言、掌握语言。

古语云：“师者，所以传道授业解惑也。”其实这种权威式教育过分强调教师的作用，是一种灌输式教学，教师过分看重“传”和“授”，而忽视了“引”和“导”，过分强调书本知识的传授，忽视了学生的个性发展。传统的教师中心模式是：“以教师为中心，教师利用讲解、板书和各种媒体作为教学的手段和方法向学生传授知识。”在这种传统的教师中心观下，往往忽略了学习的主体——学生。随着英语教学法的发展，任务型教学法已经逐渐显示出其教学优势，这种新型教学模式要求教师从根本上改变以往的教学角色，根据任务型的教学途径，尽量创设交际环境，面向全体学生，让每个学生都参与到学习的各个环节中来。要实现这个目标，教师必须打破统一的教育教学标准，根据不同层次的学生以及学生的个

人特点设计不同的教学方法，应用多种教学手段激发学生的学习兴趣，使全体学生都得到发展。学生可以通过多种渠道，发现和感知他们的生活环境，以让他们在头脑中去建构自己独到的见解。这种构建强调学生个人从自身经验背景出发，建构对客观事物的主观理解和意义，强调人的学习与发展发生在与他人的交往和互动之中。教学应该置于有意义的情境中，最理想的情景就是所学的知识可以在其中得到运用。因此，教师应该根据这一理论，尽可能地创设地真实的环境，设计合理的教学任务，让学生有更多的机会参与到课堂中来，并最大限度地激发学生的学习动机和学习兴趣，使他们能更好地综合运用他们所学的语言，在相互交流中学会交际，学会学习，学会做事情。

任务型教学法与传统教学法之间的差异在于前者注意信息沟通，活动具有真实性而且活动量大。英语课堂教学具有“变化性互动”的各项活动，即任务。学生在完成任务过程中进行对话性互动，进而产生语言习得。它既注重语言陈述知识的输入又注重语言程序性知识的输出和交际，是一种语言学习的理想状态。它围绕完成的任务，调动学生综合动用听、说、读、写技能参与教学活动，学会用语言做事的能力，重视语言学习的交互性、真实性、过程性、学习者的参与性和学与用的相关性，是真正意义上的以学生为中心的教学途径。其本质反应外语教学目标与功能的转变，体现了语言教学从关注“教”向重视“学”，从以教师为中心向以学生为中心，从注重语言的客体本身向语言习得和运用的主体转变的趋势。英语教学在教授学生英语知识和技能的同时还应注重发展学生的学习能力，在英语教学过程中，教师要使学生的听、说、读、写四种语言技能得到发展。语言技能是通过语言学习和语言实践培养起来的，需要学生之间进行多次交流、磋商及合作才能完成。

任务型语言教学有大量的理论研究支撑，与教学实践和探索紧密结合，是外语教学发展史上少有的理论与实践紧密结合的教学途径。在大学英语教学中提倡任务型教学，必然带来教学模式的改变和教学中教师和学生角色、地位的转变及其功能的调整。只有正确认识和处理好这种转变，才能有效地推进任务型语言教学的开展，促进大学英语的改革和发展。任务型教学模式是语言教学的有效途径，同时它又是一种新型的教学方式，因此需要教师在教学中大胆实践，积极探索，只有这样，才能使任务型教学模式在提高学生的英语实际运用能力上发挥出最大的效应。

第五节 大学英语任务型教学探讨

学生综合英语能力的培养在很大程度上取决于教学的组织形式。现代教学理论认为，学生是教学活动的主体和中心，教师在教学活动中起着组织者和策划者的作用，而不像在传统教学中教师完全控制整个教学活动。但是在当今的不少英语课堂上，教师依然是教学活动的中心，“满堂灌”“填鸭式”教学仍然是教学的主要形式，学生只是被动地听、读、抄、背，没有积极主动地发现问题、思考问题、解决问题。久而久之，他们逐渐对英语感到厌倦，甚至失去兴趣。

教育部制定的《英语课程标准》明确指出：“教师应该避免单纯传授语言知识的教学方法，尽量采用‘任务型’的教学途径。”为切实做好中学英语与大学英语教学的衔接，大学英语教学中也可以采用任务型教学法，并作了研究和尝试。

一、任务型教学法的研究现状

任务型教学法是基于完成交际任务的一种语言教学方法，以计划和操作为其中心内容。它通过师生共同完成语言教学任务，使学生自然地习得语言，促进外语学习的进步。任务型教学法注重教会学生如何在完成一系列的任务中提高交际语言能力，注重指导学生达到交际目的，强调通过口语和书面语交际的训练，掌握语言技能。另外，任务型教学法“注重探索知识体系本身的功能，特别是探索学习及运用语言之道”。

自20世纪80年代以来，任务型教学法在许多国家受到关注，已经成为当前教学理论研究领域的热点。许多语言教学专家学者对这一理论作了详尽的阐述，并不断进行改进和完善。

语言教学一直存在着形式与意义之间的矛盾、发展语言系统和发展语言交际能力之间的矛盾、语言课堂教学和语言自然习得之间的矛盾、提高语言流利性和准确性与任务复杂性之间的矛盾。任务型教学法在发展过程中对这些矛盾也进行了探讨，并最终找到了基本一致的解决办法。

Long和Crookes认为，任务是一项有特定目的的工作和活动。在确定教学任务时，他们非常强调进行需求分析。他们认为，任务应与日常生活紧密相关，设计教学任务必须知道学生在真实生活中会碰到哪些任务。Long还从第二语言习得理论出发，初步发展了任务型语言教学的理论模式——交互修正理论。该理论分析了任务型语言教学的合理性和可行性，并为在完成任务的过程中应注意语言形式找到了理论根据。他认为，可理解性语言的输入有助于产生语言习得，使语言输入变为可理解输入的最重要途径就是交际双方在会话过程中不断相互协调，对可能出现的理解问题进行交互修正，在交互的过程中引起对语言形式的注意。

Willis继Long和Crookes之后，为教师在课题上开展任务型语言教学活动提供了操作层面上的指导。她在*A Framework for Task-based Learning*一书中提出了任务实施必须遵循的5个原则：要接触有意义且实用的语言，要使用语言，任务促使学生运用语言，在任务轮的某一点上要注重语言本身，不同时期要不同程度地突出语言。

Skehan提倡的语言学习认知法使任务型语言教学获得了新的发展，并且阐述了任务型语言教学的理论根据。他认为，语言运用的目标有三个方面：流利性、准确性和复杂性。语言的流利性与语言的意义有关，而语言的准确性和复杂性则与语言的形式相联系。认知教学法提倡的任务型教学主张在交际的环境中，通过合理设计，并在完成任务的过程中使学生的注意力得到合理的分配，从而使其语言得到持续而平衡的发展。

二、任务型教学法的具体应用

在大学英语教学中，应用任务型教学法时主要分三步进行。

（一）活动的准备

首先，把全班同学按四至六人分成若干组。分组时注意性别、学习基础、学习主动性的差异与搭配，每组选定一名组长。组长的职责是对组员进行考勤，组织督促组员完成教师分配的任务，帮助组员解决学习中的难题，平时帮助教师检查常规作业，如快速阅读、泛读、听写等。可以说，组长是教师的助手，在小组中要发挥很大的作用。所以组长的人选既要考虑到他们的英语基础，也要考虑到他们的工作热情，是否愿意锻炼自己，为老师和同学服务。其次，由于英语班级是非自然班级，有些同学不属于同一专业或同一自然班级，有些同学的宿舍楼相距甚远。为了便于联系，制定了班级通讯录，包括姓名、专业、宿舍、联系电话等，尽可能为小组活动提供方便。

（二）活动的安排

以实验组班级采用的教材《新视野大学英语》为例。每一次任务的进行都按照教学大纲的要求以及教材的特点，制定课文学习的重点和学习目标，确定任务内容和形式。任务的完成时间可能在课文开讲之前，也可能在课文讲解结束之后，这取决于任务的内容。在任务型教学法的学习任务中，任务的设计非常关键。设计巧妙、有趣、难度适中的任务有助于引发学生的学习兴趣，促进他们的学习，反之则会削弱他们的学习积极性。

（三）活动的结束和评估

任务分配过后，给学生一定的时间准备，并加以适当课外辅导。然后在课堂上检查任务完成情况。除表演和出宣传报外，一般是每组选一代表，上台陈述各组完成任务的情况。陈述完毕后，其他各组为其打分并作简单的评议。小组评议保证了每组陈述时，其他组在认真倾听。同时保证每个组员都积极参与任务的完成，组长要对组员的参与程度作记录、打分。另外，教师也要对每个小组的任务完成情况进行客观、公正、有针对性的、以鼓励为主的评价。同时对于各小组在任务完成过程中出现的语言错误，要进行适当的纠正，提供正确的语言形式。

三、任务型教学法的优越性

我们的教学实验充分证明了任务型教学法的优越性。

（一）任务型教学法大幅度地增加了学生的语言实践机会

传统的教学论认为，教师是教学过程的主体，是课堂上唯一的信息源；而学生是教学过程的客体，是被动的信息接收器。它没有充分认识到语言实践在外语教学中的主导功能。英语教学是一门实践课，把英语当作纯知识去讲授是没有任何实际意义的。而任务型教学法要求教学要以“学生为中心”，学生是教学活动的主体。外语学习的效果在很大程度上取决于学生的主观能动性和积极参与性。要将新知识和已有知识相结合，要将语言技能从理论形态转换为实践形态，都必须通过学生自身的实践活动。从某种意义上说，任务型教学法提倡的以学生为中心，也就是把学生从被动推向了主动，使学生从消极变为积极，使课堂从沉闷变为活跃，使教师从演员变成了导演。

（二）学生能够体会成就和不足

在完成任务的过程中，学生能体会到成就，感受成功，从而有助于激发学生学习积极性。同时，学生也能在团队中感到自己的不足，从而有助于激发他们自我完善的欲望，启动不断学习的内在动力。

（三）任务型教学法能培养学生的良好性格和情感

在执行任务的过程中，每个学生都承担一定的责任，并且组员之间需要相互协作，组与组之间也要进行比赛活动，这有助于培养学生的协作精神和集体荣誉感，有助于形成良好的性格和情感。

四、实施任务型教学法注意事项

（一）学生是学习的主体，教师是任务活动的指导者和策划者

外语学习归根结底是学生自身的学习。“成功在很大程度上不取决于教学材料、教学方法和语言分析，而更多地取决于学习者自身和学习之间的活动过程。”所以要正确地处理好教师和学生在教学活动中的关系。学生作为教学活动的主体要积极参与活动，教师则是任务的组织者和策划者，在学生完成任务的过程中给予指导和帮助，并对学生完成任务的质量进行评估和总结。

（二）任务的安排应以教材大纲为准

由于我们所用教材都是教育界的专家和学者们经过多年的精心研究编成的，因此，在运用任务型教学法时，教学内容仍应以教材为切入点，结合学生实际，灵活采取不同的任务形式，充分发挥学生的主观能动性和创造性，进行听、说、读、写的综合训练。

（三）做好学生学习观念的转变和配合工作

由于多年的传统教学法的影响，许多学生养成了对教师的依赖心理，缺乏良好的学习习惯。任务型教学法要求学生主动学习，这对许多学生来说是件困难的事。因此，教师要做好学生的工作，帮助学生树立正确的学习观念和良好的学习习惯，逐步培养学生的自主学习能力。

（四）任务型教学法不是完全摒弃传统教学

任务型教学法是一种新型的教学方法，强调以学生为主体，教师为客体，但这并不意味着它完全摒弃传统教学法。前文提到，语言运用的三大目的中有两项（即语言的准确性和复杂性）与语言形式有关，也就是与语言结构有关。集合众多教师多年的教学经验发现，学生的语言结构的最佳获得途径是通过教师的课堂讲解。因而可以说，任务型教学法是兼容了传统教学法和交际教学法的折中主义教学法。

第六节　大学英语任务型教学中任务的设计原则及实施策略

长期以来，大学英语课堂教学一直是以教师为中心，教学过程中注重语言知识的传授，忽略了综合能力的培养；对学生学习过程没有实施有效地管理。旧的教学模式已经不能适应新的教学要求，也很难满足社会对新型人才的需要。于是，进行有效地大学英语教学改革，将课堂学习延伸到课外，对学生的课内外学习的全过程实施有意识的、有计划的、分步骤的指导与管理，全面地提高大学生英语的综合素质与能力，是所有外语教学工作者一直关心和探讨的一个问题。

20世纪80年代兴起的“任务型教学”提倡和推崇“以人为本”“以学生为本”，注重语言习得与运用，强调人的认知和习得的过程，旨在把语言教学真实化和课堂社会化，给学生提供在“干中学、用语言做事”的机会，从而培养综合素质。

任务型教学就是以具体的任务为学习动力或动机，以完成任务过程为学习过程，以展示任务成果的方式来体现教学的成就。它把语言运用的基本理念转化为具有实践意义的课堂教学方式。其核心思想就是模拟人们在生活、工作中运用语言所从事的各类活动，把语言教学与学生在日常生活中的语言应用结合起来，把人们在社会生活中所做的事情细分为若干非常具体的“任务”并把培养学生具备完成这些任务的能力作为教学目标。

一、任务的定义

什么是“任务”呢？外语教学课堂中的任务是指学生运用目标语进行交际以达成某一结果的活动。在完成任务的活动中，学生始终处于一种积极主动的心理状态，任务的参与者之间的交际过程也是一种互动的过程。为了完成任务学生以意义为中心，尽力调动各种语言的和非语言的资源进行意义共建，以达到解决某种交际问题的目的。

根据Willis，任务型教学分成两步骤：任务环和语言焦点。

（一）任务环

本阶段首先给学生充分的语言表达机会，强调语言的流畅性。由于是在小组相对紧密范围内，特别强调树立信心，交流中语言的使用是自然发生的，包含了许多探索性，只求可交际，不求准确的语言运用，以任务的完成激发学习动机。

其次为即将开始的汇报作准备。从关注流畅性自然过渡到了关注准确性，且这种形式的关注是出于表达的需要、交际的需要，因而是有意义的。

最后是汇报阶段，目的在于促使学生使用正式、严谨的语言，也使他们接触更多的口头和书面语。

（二）语言焦点

本阶段首先是分析，目的是要帮助学生探索语言，培养对句法、词组搭配，词汇某些方面的意识，帮助学生将他们已观察到的语言特征系统化，澄清概念并注意到新东西。其次是操练。针对所分析过的语言知识进行操练，直至掌握。

二、任务设计的原则

任务设计的好坏直接决定着教学效果。在众多教师的教学实践中总结出如下原则。

（一）语言材料真实性原则

在课堂任务设计中的输入材料应是来源于真实生活的。所创设的语言场景应尽可能地接近生活，这样才能使学生在课堂上学习的语言和技能在实际生活中同样能得到有效地应用。

（二）实用性和可操作性原则

课堂任务总是为教学服务的。任务的设计不能仅注重形式，而不考虑效果。因此，在任务设计中，要避免为任务而设计任务。教师要利用有限的时间和空间，尽可能地为学生的个体活动创造条件，最大限度地为学生提供互动和交流的机会，达到预期的教学目的。其次还应考虑到它在课堂环境中的可操作性，应尽量避免那些环节过多、程序过于复杂的课堂任务。必要时，要为学生提供任务操作的模式。

（三）任务连贯性原则

任务型教学并非指在课堂上穿插一两个活动，也不是指一系列毫无关联的活动在课堂上的堆积。任务型教学是指教学中通过一系列的任务履行来完成或达到教学目标。在任务型教学中，一堂课的若干任务或一个任务的若干子任务应是相互关联、具有统一的教学目的或目标指向的，同时在内容上要相互衔接。Nunan在其“任务依属原则”中指出课堂上的任务应呈“任务链”或“任务系列”的形式，每一任务都以前面的任务为基础或出发点，后面的任务依属于前面的任务，这样，每一课或每一教学单元的任务系列构成一列教学阶梯，使学生能一步一步达到预期的教学目的。

（四）任务活动趣味性原则

动机和兴趣是学生学习行为的主要动因。任务型教学法的优点之一便是通过有趣的课堂交际活动有效地激发学生的学习动机，使他们主动参与学习。因此，考虑任务的趣味性是任务设计的重要环节。任务的趣味性除了来自任务本身之外，还可来自多个方面，如多人的参与、多向的交流和互动，任务履行中的人际交往、情感交流，解决问题或完成任务后的兴奋感、成就感等。

三、任务的设计与实施策略

任务型教学法以学生为中心，关注外语教学的认知过程和心理语言学过程，力图为学生提供机会，通过课堂上以意义为焦点的活动，参与开放型的交际任务。任务教学成效的关键是如何设计科学的、合理的任务贯穿于教学过程的始终而达到教学的目的。教师须根据不同的情况，通过教材及一些丰富的语言表现形式，从问题入手，设计学习任务，促成学生进入知识形成情境进行学习，并从中领悟语言丰富而多维的学习过程，培养综合运用语言的能力及运用语言解决问题的语用意识。教学效果的好坏要看教师如何对课堂教学进行准备和调控。如果教师能够利用大班教学环境中的有利因素，充分调动学生的学习积极性，提高语言接触和语言操练的密度，大班英语教学同样可以使学生在各方面得到全面发展。因此，在大班教学的任务设计时要注意以下问题。

（一）根据学生个体的差异设计难易适度的任务

任务型教学法就是要改变传统教学中教师授课对全班学生“一锅烩”的情形。任务设计者应根据学生的具体情况，综合分析不同任务中影响难度的不同因素，选择搭配，同时利用或提供必要的辅助手段，将任务难度调整到适当程度，以使任务达到最佳教学效果。

根据学生的具体情况和需要，组织教学中注意因材施教。其具体做法包括：学生水平分层、内容难度分层、学习目标分层、教学方法、教学活动分层，练习和作业分层及评价分层。对于学习能力强的学生，设计一些以交际为目的的任务及运用语言解决问题的任务；对于学习困难的学生，设计简单的认知型任务，主要是提高他们的阅读能力。任务的顺序可多种多样，如从接受性技能到产出性技能，或从预备性任务向目标性任务过渡等。强调小组活动中每个成员的参与，避免学习能力差的学生成为“观众”。

（二）分清课型，针对听、说、读、写设计合适的任务

任务的目标具有多样性，针对听、说、读、写不同的课型，教师要精心设计，合理地安排在各个学习阶段中，使之符合并有助于学生在各个不同技能方面的发展。例如，通过教师对阅读任务的制定，阅读者通过“问题—文本”的控制性阅读模式的导入，做到阅读任务心中有数才不会盲目处理信息和储存信息，因而最大限度地提高学生的课堂阅读效率。

（三）课堂内外，设计连续性的学习任务

这一原则涉及任务与任务之间的关系，以及任务在课堂上的实施步骤和程序，即怎样使设计的任务在实施过程中达到教学上和逻辑上的连贯与流畅。课堂上的任务应呈“任务链”的形式，每一任务都以前面的任务为基础或出发点，后一任务是前一任务的发展。课外的任务可以是课堂任务的前奏，有时候也可以成为课堂任务的延续。以此进一步促进学生自主学习能力的发展。

（四）根据任务的操作模式，设计操练型和激发型的任务

从激发学生的兴趣入手，激发学生的思维，一些传统的教学活动，如听写、集体朗读、分大组朗读、集体尝试背诵，经验证明是有效地，应当继承。这些活动促使学生达到认知及熟练运用的目的。

（五）任务的设计要注重学生自主学习能力的培养

教学过程中对学生加强策略的引导，结合学习内容，多举行一些与英语相关的课外活动，如英语角、英语手抄报、表演对话短剧、收听英语广播、观看英文

电影电视等。

总之，在设计和实施任务型教学的过程中，教师应遵循语言教学规律和课堂教学规律，全面理解，正确把握，不断实践、不断改进。教师应根据具体问题具体分析，设计具有自己特色的任务型教学的课堂，即以任务型为主，结合使用其他教学方法的一种课堂教学模式。

自从任务型教学模式被引进国内，这一教学模式越来越展现其教学效果优势，原因是它提倡以教师为主导，以学生为主体的教学活动，倡导体验、实践、参与、交流和合作的学习方式。这正好与新的《大学英语课程教学要求（试行）》提出的“大学英语的教学目标是培养学生的英语综合应用能力，特别是听说能力，使他们在今后工作和社会交往中能用英语有效地进行口头和书面的信息交流，同时增强其自主学习能力，提高综合文化素养，以适应我国社会发展和国际交流的需要”相符合。同时也是在教学实践中贯彻实施成功素质教学观的有效途径。

第六章　大学英语阅读教学模式改革创新研究

第一节　大学英语阅读教学中互动教学模式的应用

针对大学的英语阅读教学，不少学者进行了深入的探索和研究。最近相关研究显示，采用一定的阅读技巧，能够促进学生提升英文阅读速度。在英语阅读教学中，教师应该树立以学生为本的教学理念，指导学生体验和享受阅读过程，学会审读和剖析不同体裁的英文读本，让学生在语言感知和思维转变中培养英语阅读兴趣和阅读技能。在大学英语阅读教学中引入互动教学模式，即分别发挥教师的主导作用和学生的主体作用，强调的是师生之间的交流互动，以及学生之间的协调合作。

一、大学英语阅读教学中实施互动教学模式的必要性

在大学英语教学大纲中，对英语阅读方面的规定大致如下：熟练有效运用英语阅读方法和技巧；能够阅读英语中出现的频率较高的应用文体；在词典等阅读工具的帮助下能够读懂英语教材或部分报刊文摘；对于所学专业的英文综述文献，能够把握细节，抓住中心意思。我国传统的大学英语阅读教学模式侧重于书本知识的讲解，强调教师教、学生学，以课堂学习为主。学生始终处于被动状态，只需机械记忆即可，缺乏主动探索意识，更不用谈交流合作学习了。在这种情势下，引入互动教学模式已经显得刻不容缓。在互动教学模式中，英语阅读教学不再是灌输式的，而是鼓励学生积极参与、主动学习，在探索中勤于思考，在交流中学会合作，在分析中解决问题，教师在旁边只是起到辅助和指导作用。

二、互动教学模式在大学英语阅读教学中的实施原则

传统教学模式的中心点是教师，而互动式教学模式的中心点是学生。顾名思义，互动教学的重点即为“互动”，强调的是教师与学生之间的互动，以及学生与学生之间的互动。师生共同组建成一个彼此依存、团结合作、互相沟通的团体，这是互动教学模式区别于传统教学模式最根本的特征。在大学英语阅读教学中实施互动教学模式，必须遵循以下原则：一是开放性原则，即要求整体学习氛围较为轻松开放，鼓励学生进行大胆有创新的探索和思考；二是实践性原则，即在教学过程中开展小组活动，并充分融入课程内容，让学生潜移默化中提升英语阅读、表达能力；三是层次性原则，即根据不同学生在知识储备、学习技能、综合素质等方面的差异，来有针对性地开展分层教学策略；四是问题中心原则，即鼓励学生勇于提出问题，带着问题在交流互动中进行深入分析和研究，而教师也要在一旁加以引导，以帮助学生找出有效合理的解决方法。

三、大学英语阅读教学互动教学模式中的教师和学生角色

（一）教师角色

在互动教学模式中，首先，教师是整个教学活动的掌控者，不仅需要制定好自己的教学目标，规划好教学课程的具体步骤，而且能够主导课堂教学，按照事先规划有条不紊地推动教学进度，从而取得较为理想的教学成果；其次，教师是教学活动的组织者，是教学活动是否得以顺利进行的关键，开展什么样的教学活动，如何开展教学活动，怎样在教学活动中衔接课程内容、提升学生学习效率，这些都需要教师进行精心安排；再次，教师是教学活动的设计者，需要有灵活的头脑和出色的智慧，在程序设置上要懂得循序渐进，在时间安排上把把握分寸，在课堂活动的设计上要丰富多样；此外，教师是教学活动的促进者，对于学生，教师要展现出十足的耐心，帮助学生提高学习兴趣、找到学习方法、克服学习难题，从而促进学生获取良好的学习成绩；最后，教师还是教学活动的互动者，要求教师和学生之间进行互动，不仅如此，教师还要充分了解学生的心理特征和思维方式，真正走近学生，以便更好地开展教学活动。

（二）学生角色

在大学英语阅读教学互动教学模式中，学生不是被动的阅读接受者，而是作为阅读的主体，是主动的参与者，要积极学习阅读方法和理念，用已经掌握的知识和技能来对英语读本进行分析、梳理。以学生为中心，强调学生在教学中的主体地位。主体性阅读最为重视的是学生的“学”，而并非教师的“教”，学生要积

极主动参与到英语阅读中，有效并熟练运用多种阅读技巧，努力培养英语阅读兴趣和阅读习惯，学会分析英文文章的各类体裁和结构。

所以说，互动教学模式中的学生和教师这两者的关系可以用“搭档”来形容，学生要依靠教师的指导来完成阅读训练，提升阅读效率，而教师也要通过掌握学生的学习特性和知识结构来制定相应的教学目标，提升教学效率。

四、互动教学模式在大学英语阅读教学中的具体应用

（一）准备阶段

1. 确立学生主体观

首先教师要从思想上认同互动教学理念，并加以认真学习，尽快树立以学生为主体的教学观念，支持和鼓励学生积极参与到教学活动中来。

2. 调整原有的教学方式、方法

不少教师认为，在互动教学模式中，教师不再是教学活动的主宰者，而只是引导者和组织者，这大大降低了教师的地位。实际上，这种观念是错误的，互动教学模式不仅没有降低教师的地位，而且还对教师提出了更高的要求。教师必须提前把握课程内容，制定教学目标，并且规划好课堂教学程序和时间，设想学生在学习过程中遇到的种种问题，这样才能在教学过程中给学生创造更多的参与机会。

3. 培养学生学习的兴趣和良好习惯

提高大学英语阅读教学效率的一个重要途径就是培养学生的阅读兴趣和阅读习惯。这就要求教师要做好准备功课，例如安排学生阅读一些轻松有趣的英语文章，诱导学生享受英语阅读体验；组织学生进行英文课文阅读预先，促进学生养成良好的阅读习惯。此外，教师还要想方设法增进学生阅读阅读的自信心，可以教授学生一些有成效的阅读技巧和方法，如略读（skimming）、寻读（scanning）。

（二）实施阶段

1. 让学生通过不同的互动方式整体理解课文内容

学生可以通过互动的方式来提升英语阅读效率，从而加强对课文内容的理解。教师可以在课前就课文背景、重难点内容、学习任务等对学生进行引导提示，以帮助学生提前预习好课文，为接下来的课堂教学做好铺垫工作。学生在教师的指导和提示下了解课文重点内容，解决课文难点问题，并结合以前学过的知识进行温故学习，这样既可以做好课文预习功课，又可以为接下来的小组研讨打好基础。在开始讲课之前，教师安排同学进行小组讨论，可以四人组成一组，组内成员分别汇报自己的学习情况和心得，然后四人轮流问答，最后由组长进行归纳总结，

对于不能解决的问题，可以汇报给教师，让教师进行指导和解决。在小组研讨之后，教师应该对各小组的互动表现进行总结评价。需要注意的是，总结评价要按照一定的评价标准来进行，要做到客观、全面、公正，对于表现最为突出的小组，教师要给予表扬以资鼓励；对于小组研讨过程中出现的问题，教师要明确指出来。

2. 让学生通过协同研讨掌握语言点

教师应该鼓励学生在阅读的过程中发现语法知识点，然后进行解释和补充，并将这些语法知识点再次运用到阅读之中，这样才能真正帮助学生养成自学的能力，以及把握要点的能力。针对语法知识点的互动教学，可以采用协作讨论的组织方式，例如将学生分成三部分，分别负责找出知识点、解释知识点和总结补充，并且要求每一部分学生都各司其职。这样一来，就能充分调动所有学生的参与积极性，发挥了每个学生的主观潜能。同时，教师在学生讨论后的总结中，也可以发现他们对知识点的掌握情况，然后对课文难点内容进行补充和纠正。这种有趣活泼的互动教学，不仅让学生学习起来更加轻松，其学习效果也比教师“自说自话”要好很多。

（三）总结阶段

总结工作贯穿于教学活动的各个环节，包括整个学年、学期，甚至是每一堂课。教师要观察学生更喜欢哪种教学形式，只有把握住了学生的兴趣取向，教师的“教”与学生的“学”才能相得益彰。同时，教师还要听取学生的意见，每个单元结束后对学生的意见进行一次总结分析，以便摸索出更多的课堂组织形式，从而进一步巩固对学生的吸引力。

在大学英语阅读教学实践中，互动教学模式之所以成功，主要是因为：首先，互动教学模式营造出来的课堂氛围较为有趣轻松，这不仅有利于学生主动参与和互动，而且也让学生意识到了自己是学习的主体。教学活动不只是教师一个人的事情，而是需要学生的配合才能顺利完成。其次，互动教学模式让学生有多的机会参与到教学活动中，有助于学生在交流互动中学习英语阅读技巧，培养阅读兴趣和阅读习惯，不断提升阅读效率。最后，互动教学模式能够切实激发学生学习英语的积极性和主动性，以前的教学体系，教师是教学的主体，承担传道授业的重要作用，学生的学习都是被动的，是老师在推着走，缺乏学习兴趣。而在互动式教学模式下，学生更充分地融入教与学中，通过教师设计的各种互动式形式，学生更容易产生学习英语的兴趣。学生有了学习的兴趣之后，教师讲起课来也更加具有热情和激情，这样一来，其教学成效也就在互动中不断得到提升。

第二节　以提升应用能力为目标的大学英语阅读教学模式

对大学英语阅读理论的研究，是国内外学者广泛关注的热点问题之一。在外语教学中，阅读教学是最为重要的环节之一。根据大学英语教学目标，要求在教学中强调培养学生的英语综合应用能力，提高学生用英语获取相关信息，并能用英语有效地提出问题、分析问题和解决问题的能力。而且就考试而言，国内外各种英语考试，如大学英语等级考试、英语专业等级考试、托福、雅思等考试中，阅读的分值所占比例最大。因此，如何有效地提升大学英语阅读教学效果，培养学生较强的阅读理解能力，这是值得深入研究和必须解决的问题。

一、大学英语阅读教学模式的理论基础

对于大学英语阅读教学模式，国内外学者从不同的分类角度进行了研究。比较突出的阅读理论有图式理论，论对外语教学模式的研究来说，这一阅读理具有深刻影响并且被公认为效果较好的指导理论之一。除此之外，还有其他的理论，包括心理语言学阅读理论、交互型阅读理论、合作学习理论以及体裁分析理论。在模式研究上，提出整体语言模式、ISRI教学模式等。

在阅读教学中，一般可以对两种图式知识进行分类，这两种图式是内容图式和形式图式。内容图式的对象主要是文章的主题，是与文章的内容和范畴有关的，影响着对文章的理解程度。形式图式的主要对象是篇章结构知识，对各种不同体裁文章的篇章结构知识的掌握，对于提升文章的理解程度是有帮助的。另外，在阅读教学中，还广泛涉及兴趣型教学理论，兴趣型教学理论强调教学活动的灵活变化，着重培养学生的阅读兴趣，并促进学生掌握内容图式和形式图式，构建文章应有的框架和意义，最终实现快速且高效率的阅读效果和阅读水平。

二、大学英语阅读教学模式分析

（一）任务型教学模式

任务型阅读教学模式下，集中于教师身上的且主要进行知识传递功能的观点已经发生改变。事实上，要求学生注重了解外在信息，并通过积极调动发散思维，结合已获取的背景知识，不断构建和改善自身的知识结构。在这一过程下，学生要学会选择外部信息并能选择材料进行加工。学生不再是被动地接受对象。课文材料只是阅读教学任务的一部分，阅读教学更重要的内容是借助这一活动提升学生的学习方法和加强对阅读技能的训练。

在任务型教学模式下，课程教学呈现出多元化与多样性的趋势。首先，在教学任务的设计和编排上，考虑的细节越来越严密，在实际中越来越重视语言的形式与意义相结合。其次，在任务的设计和落实上、在实施方案的确立上，都要求英语教师具有较高的素质，才能有效保障任务型教学目标的达成。另外，英语教师在教学理念上要注重更新，在教学艺术上要注重提高。同时，要尽可能利用现代教学媒体，促进信息化教学的开展。

任务型英语阅读教学有何特点呢？大学英语任务型阅读强调教师指导下的学生自主学习，也就是既强调教师的指导作用，又强调学生作为认识主体的作用。在这种模式下，教师不是知识的简单灌输者，而只是阅读意义建构的帮助者和促进者。英语教师在教学过程中，要发挥促进和帮持作用，督促学生搞好阅读学习。在网络资源的利用上，也要注重引导，学生不只是在网络上毫无目标指向地浏览。教师在确立阅读主题方面，可以结合教材进度和教学需要，例如，可以布置让学生针对课文所涉及内容，在网上查阅更多与课文相关的资料，包括人物的简介、与时代与背景有关的知识。在课上，可让学生复述摘要内容。在作业完成方面，要注重学生独立学习的能力和加强对文献参考知识综合运用的能力，进而提高学生对文章阅读理解的水平。如《New horizon college English》unit 1 中 Part A 的 Learning a foreign language 文章阅读完之后，可设计 Question Answering 环节，例如：

① How did English learning change for the writer after entering senior middle school?

②While taking online courses，what other things did the writer do to help himself learn English?

③Why was the writer’s experience in learning a foreign language so meaningful?

还可设计 Questions for discussion or oral report 环节，如：

①Discuss the strengths and weakness of learning English online.

②Share your experience of learning English with your classmates.

③What do you think is the most effective way to learn English，and why?

大学英语阅读教学改革也呼唤任务型教学模式。大学英语阅读在教学内容上要求更加贴近生活和学习实际，反映社会发展需要，能调动学生的积极性。在具体教学中，应强化“任务型”教学主线，同时注重学生的自主学习，最终在完成教师布置的学习任务基础上，促进学生从机械学习转化为意义与功能阅读，促进学生对语言资源与意义的构建。任务型教学模式体现了学生对于认知过程、交际能力、信息分析等理念的理解，从而促进学生在语言交流与综合运用上的能力。另外，在教学过程中，适时采用网络环境下的教学，强化任务。在网络环境下，学生的学习时间更加灵活，所受的空间上的限制也较少。学生可以在灵活安排自己的学习方式上比较有主动权，更能有效提升学习效率。同时，相比传统教学模式，任务型教学促进学生自行掌控学习进度，有助于学生发挥任务学习和自主学习能力。同时也能给学生提供学习机会、交流平台以及自我发展的空间，这对进一步发展学生听说读写综合语言训练模式有较大的推动作用。

同时在任务型教学模式下，学生能充分利用网络环境创造学习条件来探究兴趣热点问题，对于学生的全面发展以及创新思维能力的培养具有较强的作用。充分体现了把学生看作主体，以教师作为主导的理念，彰显素质教育的特色。任务型教学模式越来越表现出较强的适应性和发展空间，成为大学英语阅读教学采用的最基本模式之一。

（二）兴趣型教学模式

纵观阅读教学现状，阅读教学效果并不是很理想。其原因是与学生阅读兴趣的培养有一定关系。教师在进行阅读教学与训练过程中，经常忽视了对学生阅读兴趣的引导，通常采用的是“满堂灌”的传统教学模式，这种模式是以教师为中心的。因此，学生的主观能动性和学习积极性都没有得到较好的发挥，教学效果不太理想。另外，在阅读材料的选择上，也没有重视潜在的阅读兴趣对调动读者阅读能力的影响。现行的阅读教材在难度和选材上也存在问题，主要表现在选择材料面不广、针对性不强、与生活脱节、不能充分调动对阅读技巧的运用等，这些影响到了学生的阅读能力和教师的教学效果。

在阅读教学的开始阶段，教师应加强对兴趣教学的重视，积极重视教学设计活动，促进学生阅读兴趣的不断提高，使学生能养成坚持循环阅读的习惯，使学生不仅能较好地进行阅读活动，而且促进学生以阅读活动为乐趣。在以上情况下，对学生来说也能主动地掌握阅读内容。促进阅读过程成为一个主动吸收的操作过程。另外，兴趣越高，阅读的主动性就越强，因而掌握阅读技能的速度也就越快；以上的这几个方面也具有反作用，能激发学生更大的学习兴趣。激发学生阅读学习兴趣也是现代阅读教学中应用图式理论的具体表现。

另外，应该注重超文本阅读模式下的个性化主题阅读。因为学生理解能力各有不同，学习技能也有一定差别。因此在教师设定阅读任务和主题以及学习目标后，学生应自主地进行个性化阅读活动。根据超文本化的阅读教学特征，学生在阅读材料上，可以自主地选择适合自己语言水平的阅读内容；另外，结合已有的知识通过多维的、复杂的联想进行程度上的连接。学生之所以实现了从接收信息转化到获取知识，正是通过将新的材料结合，并加入原有的认知结构方式中。在超文本模式下，建立了一种阅读中活跃的、新奇的联想氛围，阅读的线性关系和单一的文本也开始分解变化，分离为独立的一系列的节点。而这些节点之间又互相联系的，体现了信息的连贯性和知识的融合性。

（三）合作型教学模式

20世纪70年代合作型教学模式兴起于美国，这是一种新的教学理论与策略。许多国家将合作型教学模式广泛应用于日常教学中。这一模式在具体操作过程中，就是强化分组合作的作用，合作学习通常是以小组为基本形式。小组成员之间在共同的学习目标下，相互促进和帮助，在促进自我学习的同时，也带动其他人的学习。兴趣型教学模式在语言交际教学中比较常用。

在合作型教学模式下，有时可以借助媒体这一工具，使互动性和协作性得到较大程度的体现。师生之间及学生之间主要形成一种互动和协作，这对推进学习进程及构建阅读意义框架具有重要的作用。通过教师与学生之间的良性互动，学生能根据自身感受，找出在阅读学习过程中存在的问题。这样能促进学生不断改进学习方法，加强对新知识的融会贯通。在合作型教学模式中，也应该充分利用网络工具，搭建师生之间相互交流的桥梁。一般来说，由于课堂时间比较短，所讲内容有限，而且在课堂上能与教师实现互动的学生人数具有一定的限制，因此传统阅读教学模式存在较大的局限性，必须通过合作型教学，进而促进班级师生间的有效沟通与交流。

除英语阅读课堂教学外，教师可以在网络上与学生建立互动与沟通的平台，同时也为学生之间的相互交流提供良好的契机。在网络上实现良好互动，可以促进学生及时共享有关教学内容包括电子教学资源。在合作型教学模式下，也能更好地注重兴趣教学，还应该培养学生阅读的主动性和积极性，阅读活动是一种积极的语言思维活动，学生必须在主动性上下功夫，积极创设语言环境，锻炼英语思维和阅读活动能力。当然，教师也要在英语课堂上尽可能地补充一些教学内容，包括当前社会教育及其他方面的热点问题，也可以适当探讨一些学生感兴趣的话题，通过话题转换的多样化来提升兴趣教学效果，同时增强合作型教学的效果。

三、通过大学英语阅读教学模式提升学生英语应用能力

英语阅读本身是一个连续的认知过程，它同时也是一个复杂的过程。而且，各种教学模式也不是单一存在的，必须相互配合，交叉使用。大学英语强调具体行为能力，它内在要求上注重把语言学习和语言运用相结合，实际上是一门具有较强实践性的课程，强调把语言能力内化为具体行为。在传统语言教学中，往往注重对知识点的讲授和记忆，一定程度上忽视了对学生英语应用能力的培养。而我国传统的英语等级考试及其他各项考试，过于强调考试分数，学生不得不被动

地应付，甚至通过“题海战术”来学习英语，英语应用能力没有根本性提高。

为改变存在的这些现状，实施素质教育，就必须加强对英语教学模式的探索。而在英语阅读这个重要环节上，师生必须深入了解英语阅读教学有关理论，为探索适合大学英语教学的有效模式打好基础。在英语教学中，要注重改进教学方法，创设情景加强学生的参与性，最重要的是要把语言能力转为英语应用能力的技能，扩大学生对英语交流运用的能力。当前，大学英语教学不仅是知识传授问题，更是一种教学技巧问题，而且现在已经上升到了加强学生素质教育的高度，这具有重要的时代意义。通过在教学实践中，在加强阅读能力的基础上，不断提升学生在听、说、写等其他方面能力的协调发展，把语言教学活动同学生的全面发展结合起来。使语言教学在帮助学生掌握英语知识的同时，提高学生对英语交流运用的能力。另外，通过对大学英语阅读模式的强化训练，致力于养成学生良好的个性和品格，促进学生树立正确的人生观、世界观和价价值观，真正发挥教学对人才培养的促进功能。

第三节　大学英语阅读教学中研究型教学模式

英语阅读能力既是学生英语综合能力的重要体现，也是大学英语教学不可或缺的一部分，更是大学英语教学中的重要环节。根据年教育部公布的《大学英语课程教学要求（试行）》，对学生的英语的阅读能力提出了三个层次的要求。其中明确指出：能读懂有一定难度的文章，理解其意义；借助词典能阅读英语原版书籍和英语国家报纸杂志上的文章；能比较顺利地阅读与自己专业有关的综述性文献。这就要求加强大学生英语阅读能力的培养，提高学生的阅读量和拓展学生的阅读内容都有利于培养学生的阅读能力。

一、研究型教学模式的实施背景和基础

（一）研究型教学模式的实施背景

在大学英语课堂中，教师一般会要求学生有一定的阅读量，教师会划定这个学期要阅读的书目等。通过大量和广泛的阅读，可以帮助学生了解英语国家的风俗人情，扩大知识面，同时也可以培养英语语感和英语语言表达习惯。但是非英语专业的学生没有特别的英语阅读课程，这就要求教师在综合英语课堂中抽出一定的时间进行一些基本的快速阅读的策略和技能训练。但是这样并不会起到很好的驯良效果。这样训练学生的阅读能力的弊端有以下几个方面：

第一，在课堂有限的时间内，学生的阅读时间不能够得到保障；第二，如果

学生放松课外阅读的话就不能达到很好的阅读能力的培养；第三，学生没有明确的阅读目的；第四，对于学生的阅读情况老师并不能很好的掌控。在这样的背景下，研究性教学模式被引入大学英语阅读的教学实践中来。

很多大学英语阅读教学中引入研究型教学模式，通过这种模式可以有效地解决上述问题，提高学生的阅读能力。研究型教学模式是指学生在教师指导下，从学习生活和社会生活中选择并确定研究专题，用类似做科学研究的方式，主动地获取知识、应用知识和解决问题的学习活动。这种教学模式的核心是提高学生的自主学习能力和创新能力，真正做到学以致用。

在这种教学过程当中，教师需要创设一种类似科学研究的情景，让学生在教师的指导下，选择和确定研究专题，用类似做科学研究的方式，主动地去探索、发现和体验，从而培养创新精神和实践能力。把这种方式应用到英语阅读教学中，可以使课堂内的阅读教学和学生课外的拓展性阅读结合起来，从而扩大学生的阅读量，提高学生的阅读能力。另外还可以培养学生的信息处理能力和实践能力以及创新能力等。

（二）研究型教学模式的实施基础和依据

这种教学模式已经得到很多理论的有力支持，而且这种教学模式也被很多教师所采用。从理论上，我们可以列举一些研究性教学的理论基础，从而可以有力地支持这种教学模式的应用。

第一是从建构主义教学理论的角度来说明研究型教学模式的理论基础。建构主义可以分为激进建构主义、社会性建构主义、社会文化认知观点、信息加工的建构主义、社会建构论和控制论系统。有学者论述指出“儿童认知发展的研究材料中描述了两种学习类型，即同化和顺应。同化是指在学习过程中，新的信息被融入学习者的现有知识系统；顺应是指当学习者接受新的知识的时候，需要调整原有的知识结构以纳入新的知识”。这些观点的提出，为建构主义教育理论奠定了基础。而建构主义教育论主张“学习者应该通过合作学习，相互交流、互相补充，使理解更为丰富全面”。由此可见，学习不是由教师向学生传递知识，而是由学生自己构建知识的过程，学习者不是被动的信息吸收者。

第二是从人本主义教学理论的角度来说明研究型教学模式的可行性。学者罗杰斯指出，学习是学生自我评价的，学生必须亲身参与到各项学习活动中去，并且需要全身心地投入各项教育活动，只有这样才能激发学生的学习兴趣和热情，可以使得学生持续的学习。

二、研究型教学模式的实施策略

很多学者对研究型教学模式给出了自己的意见。总体来讲，学习需要通过激发创造性思维，在实践中不断地锻炼才能发挥出来。在英语阅读的教学中就更需要这种教学方式。除这些理论的支撑外，在实际运用这种教学方式的时候，还需要一些其他的基础来支持。

第一是需要教师的支持和配合。教师是教学环节的一个主体之一。教师要运用研究性教学方法来讲授大学英语阅读课程，首先要做好各方面的准备，教师在这个过程中承担的是研究性学习的一个引导者和指导者。教师不可以轻易替学生做一些事情，另外，教师要注意不能像以往将学习的重点放在生词难词解释、学生朗读等方面上。教师要运用各种策略学生进入这样学习状态当中，并积极主动地参与到研究中。在教师成功实施研究性教学策略的情境下，学生既是研究性学习活动的主动者，又是教师研究性教学策略的受动者，目的是要让学生去积极主动的学习和运用所学的东西。教师可以根据一些话题，设计问题、讨论话题以及实验，引导学生去亲身尝试和探索，并在心理和方法上提供一定的支持和帮助，使学生不断地调整原有的经验，吸纳外来的知识，构建新的经验，从而促进自身的提高和发展。研究性教学对教师的素质提出了极高的要求，要求教师要有较高的素质水平。另外，教师也应该了解一些基本的科学研究方法，以便更好地指导学生进行研究性的学习。有学者指出，教师在这个过程要有责任感，对学生负责；教师要真诚和公平，正确对待学生的各种研究及成果；教师还应具有同情心，对于一些在研究上有困难的学生，教师应及时地给予大力的帮助；另外，教师也可以成为学生研究小组的成员，参与到学生的活动中去。

第二是阅读材料的准备。在大学英语阅读研究性教学中，教师选用的教材既可以是开启研究课题的大方向，也可以是学生研究小组基于自己选择的研究专题而选择的阅读材料。无论是教师还是学生，在选择阅读教材时应注意，语言难度适中，要有一定的实用性和话题性，最好再有一定的趣味性。教师在选择材料时应该紧扣主题，为学生的研究提供一定的方向。学生在选择阅读材料时，可以选取一些英文报纸的读物，如《经济学人》《华尔街日报》《纽约客》等，还可以利用学校的文献数据库查询与研究专题相关的论文、期刊和文章。在大量的网络资源中，学生要做好筛选工作，要找到和研究主题相关的文章资料，将信息组合、处理，最终形成自己所需要的东西。在这个过程中教师和学生、学生和学生之间的沟通变得更为迅速和有效，这就达到了训练学生合作和创新的能力。

第三是教学中的另一个主体——实践小组的成员——学生。教师将学生分成若干小组，在课中通过协作学习的形式进行专题研究活动。这样可以使学生积极主动地去学习，加强了团队的合作能力，提高了运用语言知识的能力和主动建构知识的能力。教师在大学英语阅读研究性教学活动中应该注意以下几个方面的问题：首先，研究活动要有一定的主体，这个主体可以是教师指出的，也可以是学生自己设置的。教师可以确定大范围，学生具体定题的方法，给教师和学生都留下选择的空间。其次，教师应该强调活动的要素分析和基本流程的分析，以免学生出现无从下手的情况。老师应该指导学生厘清思路，确定活动流程，使研究活动顺利进行。最后，教师应该向学生提出专题活动的评价标准，来保证学生不偏离轨道。

三、大学英语阅读的研究型教学情况

第一，在教学环境方面，和传统的静态的教学环境相比，研究型教学模式需要一个较为动态的教学环境。在大学英语教学课堂中，运用研究性教学模式，教学环境不只局限于固定的地方，需要把阅读资源、教学模式、教学策略、阅读氛围都整合起来，共同来为学生的学习提供一个环境。

第二，在教学过程方面，基于研究型教学模式的大学英语阅读教学，这个教学过程是需要师生互动共同探索新知识的过程。教学过程不再是传统的教师实施教学计划，按照教学大纲来教学。而应该是师生通过问题探究、协商学习、意义建构等活动。学生是这个过程的主体，学生在这个过程中，自我发现，自我学习，自我构建，在这些基础上，他们获得知识，并转化为自己的能力。

第三，在教学方式方面，在研究型教学模式中，教学方式由以传统的“教”为中心逐渐向以“学”为中心转变。学生成为主体，教师担任的是一个支持者的角色，教学方式并不是原来单纯的词句讲解、归纳与演绎的讲解，而是“主动探索”“协作学习”“会话商讨”。根据一些学者的建议，这个过程可以分为以下五个步骤：第一步：创设情境，诱导深入；第二步：放手自学，独立思考；第三步：组织讨论，交流成果；第四步：质疑问难，评点整合；第五步：拓展提高，课外延伸。

第四，在教学角色方面，在传统的教学模式中，教师处于一个权威者的角色，而在研究型教学模式中，教师是一个“英语学习的组织者、协调者、设计者、开发者、社会语言文化的诠释者、教育的研究者和学生的合作伙伴”。学生也不再是一个盛知识的容器，而是一个主动建构的知识主宰、教学活动的积极参与者。在这种平等和谐的学习氛围中，学生丰富了人生态度和情感体验，提高了知识和解决问题的能力。

在大学英语阅读教学中，由传统的教学模式向研究型教学模式的过渡，已经成为一个主流，更多的教师希望采取这种教学模式。通过不断的实践，以及学生和教师不断的共同探索和投入，能切实地将研究型教学模式运用到实际的阅读教学中，并发挥它的真正作用。

第四节　大学英语阅读教学模式研究述评

一、在大学英语教学中运用阅读教学法的主要理论依据

（一）图式理论

图式理论（schema theory）概念最早来自19世纪德国哲学家康德。该理论从认知心理学、语用学、信息处理和人工智能等方面为阅读提供了一个崭新的视角，对阅读过程和模式具有积极的指导意义，它所倡导的阅读观已越来越受到广大教师的重视。

图式理论认为，图式是认知的基础，是储存于大脑记忆中用于表达一般概念的知识构架。人们在接受新信息前，头脑中已经储存了无数的知识（即图式），它包括个人以往的经验、事实或已学过的知识等，它们经过加工，分门别类地储存在大脑之中，组合成图式网络，给读者提供一种参考系，使读者对所阅读的材料能够正确理解。在阅读时，读者会迅速地从记忆中调用此图式，不断地对材料中所提供的信息进行选验、预见、验证、肯定或修正。当图式中的某些组成部分与文章信息发生相互作用时，读者才能理解文章内容，否则就会产生误解，出现阅读障碍。

在阅读过程中，词语理解和篇章理解都离不开图式，图式对于新信息的组织、加工都具有重要意义，它能培养和激发学生的创造性思维，强调以学生为中心的教学方法，因此，用图式理论指导阅读教学必将对阅读效率产生积极作用。

（二）输入假说理论

克拉申的输入假说理论认为，语言习得有赖于大量的语言输入，必须为学生提供所需的足够数量的输入。学生首先接触大量易懂的实际语言，通过上下文和情景理解其意思。这样，寓于交际语言中的句子结构和语法规则就自然学会了。大量的英文阅读可以满足学生的语言输入量，弥补课本知识的局限性。语言输入的质量与数量同样重要，质量即难度，难度过高或过低，都会导致学生无法理解和吸收语言知识。因此，针对不同程度的学生，教师应具体情况具体分析，选用不同难度和形式的阅读材料，以增强输入的吸收效果。此外，教学实践表明，语言输出与输入同样重要，教师还应注重学生的语言输出，只有能够准确、流利地表达自己的思想，才算是真正学会了外语。

（三）教学实践

参加阅读教学项目的教师分别从各自的班级中选取一个班，实行阅读教学法实践，其他班级仍实行传统教学法。实践的班级除了教授大学英语大纲内容，还抽取一定时间进行阅读教学。例如，学校大学英语课程采用分级教学，参与教学实践的班级均为××××级B班。

教学步骤如下：大纲内容只选取部分，主要为上海外语教育出版社出版的《新世纪大学英语》（综合教程）TextA部分，着重讲解单词、句子、课文结构及课后练习，TextB作为课外自学内容。阅读教学内容为每周布置课后阅读篇章、课内提问、测验、讨论以检查学生完成情况。教材内容由教师指定，主要是英语名著原文。教师的所有××××级B班的学生在期末考试时使用同样的试卷，每学期每位教师对比自己使用不同教学法的几个班级的学生成绩，参考第二学期末调查问卷的结果，研究学生各项英语能力的变化，以此构建大学英语阅读教学的方法及模式。

三、教学效果调查及分析

阅读教学实践进行两个学期，第二学期接近尾声时，组织一次问卷调查，主要调查学生在经过两个学期的英语阅读学习后，阅读习惯有无变化及阅读教学对其英语综合能力的影响。

根据某校实验调查结果显示，约63%的学生逐渐养成了阅读英文作品的习惯，一年来阅读的英文名著数量从零增至三至五本（包括英文简写本）。在阅读英文原著前，学生会首先阅读英文简写本或中文版本，从而减少理解英文原著的困难程度。学生普遍认为，英语阅读教学法与传统教学法相比，要求大家花费更多的课余时间，阅读英文作品、讨论、做练习、写读书报告，虽然压力更大，但收获颇丰。约51%的学生认为经过大量的原文阅读训练，自己的英文写作、英汉互译及阅读理解等能力都有了提高。约70%的学生表示即使以后没有英语课程，还是会坚持阅读英文作品，如小说、报纸杂志等，以保持一定的英语阅读水平。在阅读主题方面，文科学生偏爱人物传记类和罗曼爱情故事类，理科学生则大多选择科学幻想类和历史类读物。值得注意的是，约75%的学生认为，大学英语教学不仅可以与阅读教学相结合，还可以拓展到各类专业课程，强化英语的实用性，使英语语言成为一种有用的工具，而不仅仅是一门必修的课程。这个观点与目前高校正在进行的大学英语教学改革的目的是一致的。

四、阅读教学模式设计

经过教学实践和问卷调查，综合两个学期以来学生和教师的反馈意见，我们认为，阅读教学可以与大学英语教学相结合，并就大学英语阅读教学模式提出如下设计意见。

（一）适用范围

英语阅读教学适用于非英语专业的各类英语班级。目前虽仅在B班试行，效果良好，可以推广到A班和C班，但应根据学生的不同英语程度，采取不同的方法，选取不同的阅读教材。英语学习的目的是能将语言熟练运用于日常交际中。大量阅读英文读物，有助于培养语感、增加词汇量，同时加深对英美文化背景的了解，弱化文化差异给沟通带来的障碍。良好的英文阅读习惯，来自日积月累的阅读训练。英语阅读教学，应贯穿学生的整个大学生涯中，甚至可以延续到第五、六学期。

（二）教学方法

阅读教学与英语读写译课程同步进行，教师在课堂教学中，除了讲授大学英语综合教程的重点内容，还定期布置学生利用课余时间阅读英文读物，主要是英文名著。要求学生四至六周读完一本。每两周就当前所读的作品内容进行一次课堂练习，考查学生对作品内容的了解程度，同时督促学生按计划完成阅读量。每读完一本，教师就利用一节课时组织一次课堂讨论，简要分析作品里主要人物的性格特点、作品的内涵以及作者的写作风格等。大量的原文阅读是语言输入的方式，可以帮助学生构建英语知识图式，有助于学生在大脑中存储英语词汇、语法、句型等方面的知识，而课堂练习与讨论则是语言输出的表现，可以帮助学生反复演练英语语言知识，强化记忆，学会用英语流畅表达自己的思想。

（三）教材选择

除各级别学生必修的精读教程外，教师应根据学生的不同英语程度选用不同的阅读教材。鉴于不同的英语语言基础，A、B班可阅读英文小说，C班学生则建议先阅读英文报刊或短篇故事，逐步过渡到简写本英文小说，必读书目是Pride and Prejudice，David Copperfield，The Adventures of Tom Sawyer，The Old Man and the Sea，Jane Eyre。

（四）考核方式

各级别学生都应参加常规英语考试，A、B班学生可以在学期末增加一篇课程论文，要求学生选取自己最喜欢的一本作品或一位作家，分析人物特点或评论写作风格。

第七章 大学英语写作教学模式改革创新研究

第一节 大学英语写作教学：体验式混合教学模式探索

英语写作教学作为大学英语教学的重要组成部分，一直以来都是研究关注的焦点，也是学生二语习得的难点。学生在英语写作部分的考核上，得分普遍较低，特别是独立学院的非英语专业学生，由于语言基础不强，未能在长久的英语写作练习中得到满意的学习体验，部分学生甚至放弃写作。纵观近几年四级考试，很多高校学生写作部分平均得分率尚未达60%。与此同时，在大学英语教学中，写作并没有单独的提列为一门基础必修课程，而是更多的依存于综合英语课堂，与阅读长期共生互惠。而狭义的课堂教学构建一种教师主导学生接受并完成课后作业而后反馈批改的链式模式，英文写作教学更是被传统的教学法排挤至课后一篇习作与课下教师批改的单向互联模式。然而教师繁重的批改任务并不能实现多次高质量的反馈，学生也不尽能从这样的教学模式中获得更多亲身体验和强化认知过程，偶会徒生挫败感。但随着现代网络应用于大学英语教学的普及，网络与2.0模式、微课与翻转课堂的流行皆说明借助网络的学习体验越来越多，慕课也逐渐成为代替广播电视的大众免费学习平台，另外一部分自媒体的发展，如利用微信等创建公众号等，都成为学生新的媒介和平台。这在现实意义上更加说明，课堂本体没有固有的表象，所以改变并加以应用常规的教学课堂恰恰是基于课堂本质而言，有学无教的课堂可以存在，注重学生体验的多媒体网络学习模式更应与传统的课堂教学相结合，构建探索大学英语写作教学新模式，以此更加注重学习体验，让学生亲身体验学习的每一个过程。

一、大学英语体验式写作混合教学模式的理论基础

大学英语体验式写作教学是基于体验式学习的基本内涵提出的。

行为主义学习理论认为在学习过程中，学习是反映和刺激的连接，所有行为都是习得的，不强调任何的个人意识和主观经验；认知学习理论强调认知大于效果；与之对比，经验在体验式学习理论（ELT）中具有中心作用，这也与杜威的“从做中学”和建构主义思想所倡导的“情境性教学”一脉相承。从学生学习的角度看，罗杰斯把学习分成两种类型：认知学习和体验学习。认知学习受外部强制力的制约。体验学习以学生的“经验生长”为中心，以学生的潜能为动力，把学习与学生的兴趣和愿望结合起来。库伯（Kolb）的体验式学习理论希望建设一个具有整体性、适应性的学习过程，可以将经验、假设、认知和行为统整。在此基础上，库伯完善了体验式学习（ELT）的理论，提出体验学习的模式，也称之为学习圈理论。

库伯认为学生的学习是由四个适应性的阶段所构成的循环结构，包括具体经验（concrete experience）、反思观察（reflective observation）、抽象思维（abstract conceptualization）和积极实验（active experimentation）。库伯的体验式学习模式引领学生通过获取“直接”或者“间接”经验，掌握（grasp）具体经验的学生将这些“知识碎片”进行整理、归纳，通过反思性的活动加工信息，随后通过抽象思维提炼理论知识，了解抽象概念。库伯认为大部分知识的获取源于对经验的升华和理论化。所以，这一阶段的工作成果是最为重要的，学生学会分析，获取抽象思维的方法，最后刺激学生将所习得的知识应用于实践，那么学生的观察反思也就转化（transform）为实在的行为，同时，在实践中学习的如遇到新的疑惑，就会展开新一轮的体验性学习。

二、大学英语体验式写作混合教学模式设计

依据库伯提出的体验性教学的学习模式——学习圈理论，注重经验的获得，并且强调语言知识的运用。笔者通过以本校非英语专业学生为研究对象，基于“体验英语写作教学资源平台”提出将大学英语传统写作课堂与体验式写作学习模式相结合构建大学英语体验式写作混合教学模式。

（一）具体体验（concrete experience）——预写体验

利用数字化的网络写作平台，具体体验过程注重学生的参与性与实践性，教师主讲的授课模式逐步将主导权利赋予学生，学生是学习的中心。在体验式写作课程之初，学生将熟悉所写主题语篇素材，利用网络观看视频材料，了解相关概

念，进行过程写作之初的头脑风暴（brainstorm），从而进行预写活动（prewriting）。预写帮助学生积累经验，审视自我词、句和语篇等方面的优缺点，从而体味写作过程的酸甜苦辣。

（二）反思观察（reflective observation）——互动讨论

在反思观察阶段，教师利用传统模式教学方式分享阅读材料，提出问题，激发学生对于问题的思考，利用范文材料进行指导讲义，引导学生进行课堂讨论，将体验式的自主学习引导到课堂中来。在这一环节中，教师不再是居高临下的评判者，而是与学生一起参与到写作各项活动中，是学生讨论、同伴互评、即时反馈、习作修改等活动的组织者、指导者、支持者，从而启发学生对于预写草稿的反思，激励与他人进行互动讨论的热情。在写作平台的辅助下，学生不仅能够读到同伴的习作，增强读者意识，还能获得同伴的即时反馈，促进写作过程向前推进。写作不再是一个人的“私密化”的过程，而是与同伴即时互动、群策群力、互通有无的“参与式”过程，从而激发他们的写作欲望。

（三）抽象思维（abstract conceptualization）——评阅指导

更多的抽象思维活动来源于对预写文章的修改。网络平台下的体验式英语写作修改可分为三种，即学生自评、生生互评以及教师评阅。经历上一阶段交互式活动带来的反思观察，学生交换习作在小组内进行讨论修改，修改方式采用“三级评议模式”，评阅者可以分别从局部修改（local/surface correction）、文中批注（inter-text note）、文末评价与建议（post-text comments&suggestions）对学生习作给予中肯的意见和建设性的建议。第一步的抽象思维来源于生生互评，学生在批改其他伙伴的习作时逐步形成该类语篇主题思想、逻辑结构、衔接连贯用以构成简单的写作框架，为下一步的积极实验做准备。这一阶段教师的主导作用在于指导学生了解不同语篇的不同社会交际功能，利用范文材料进行指导讲义，明确行文规范以及语言特点，指导学生不同文体的写作原则和写作技巧，积极的评语鼓励能够增强学生的写作信心，丰富学生愉悦的写作体验，注重学生的内心认知感受。

（四）积极实验（active experimentation）——终稿形成

在小组内评阅后，学生对预写文章进行自我评析，独立修改，然后通过课后练习，进一步进行写作练习，巩固语篇衔接与连贯，保证切题和合理的推进模式，最后由教师提交评语。自评过程中，学生有个人特色的常见错误容易被忽视，可参考过程写作评议对照表选取多次异步进行自我评议。另外，写作平台的自动生成评语功能从一定程度上大大减轻了教师的工作量，从而提高了反馈的充分性与及时性。终稿的形成过程将链式的过程写作循环往复，这就意味着，在完成令人满意的终稿之前随时可以回到具体体验。

作为体验式学习的混合模式，体验英语写作教学资源平台可以给学生提供新鲜及时有趣的信息，学生结合自身体验缩短新知识和原有知识结构之间的距离。而交换式的在线学习和课后作业，使师生交流体验和生生交流体验都可以达到最大化，从而提高课堂教学的效率。当然，教师在作出评价的时候，需要注重人文层面，兼顾过程性收获和结果性收获。

三、大学英语体验式写作混合教学模式的效果初评以及理性思考

（一）关注师生角色的转变

在新模式下，教师在学生学习的过程中，更多的作用在指导，创设情境，以及提供情感体验的机会。有效的外语学习应该是学生积极主动的，而且是全身心地投入学习。在体验式习作中，学生得到更多机会自主选用语言资料，参考查找并完成一篇习作，然后继而通过多重评议模式，一遍一遍审视自我改变和语言习惯的积累。教师的角色与教练、例外管理员和审计员相似，给予指导性建议，提出改正纠错并且总体评议。学生应积极地参与到语言使用中去，提倡自主学习。三本学生对于英语学习普遍存在学习焦虑情绪，对写作有畏难情绪难以建立良好的学习循环。大学英语体验式写作混合教学模式的积极意图在于改变学生对习作的排斥，给予大部分学生习作的信心，并且尊重了学生的学习创造性，保护了他们的自尊心，有助于提高学生的内部动机。

（二）关注多重感官的学习目标

在大学英语体验式写作混合教学中，多重感官的学习目标适应不同类型的学生和不同的学习内容，这样新型的学习模式较之前存在优势以学生为中心。它将线上与线下学习模式整合，既容有任何时间任何地点的线上模式，加之借助于写作平台和其他网络平台的自主学习，任何恰当的时候都能成为教学的“课堂”，与此同时，也没有牺牲传统教学中最重要的交互关系——教师与学生。在预写得具体体验阶段，学生通过选择不同的媒体熟悉题材，这也帮助个体了解自己的优势与缺点。而后，我们发现一部分学生从阅读参考材料和分析数据中获得知识结构，一部分从视频材料中更好地了解写作主题，当然部分学生是从反思观察小组讨论中获益最大，仍旧有一部分学生喜欢教师讲授的学习方式，从中得到的指导越多，学习成绩越高。通过这些多样的学习习惯，大学英语体验式写作混合教学模式关注多重感官的学习目标，整合多样化媒介表达不同的学习意义。

（三）关注体验的学习方式

体验式学习理论认为学生通过体验外部世界和自身经验互动，从而获得知识，

并通过对知识的验证获得新经验。网上链接的学习资源以及写作平台的使用更好的帮助学生在四个阶段的学习体验，即第一阶段通过具体活动获得初步体验；第二阶段思考交流开展对体验对象的描述讨论；在第三阶段将所获得初步经验和储存经验整合加工，获得结论和抽象概念；第四阶段将所得运用于新的一轮体验学习。表面上看，传统的基于课堂的成果链式写作教学模式没有体验可言，但实际上教师和经验正是传统模式的优势，教师也是所有学习经历的核心。教师在教学中起到指导的作用又表现为富有责任心的主体，负责提供合作文本，这样学生才能参与到相关主题的学习并且拥有交互体验式学习经历。Brookfield曾经提出影响体验学习因素的四个来源：（1）学生们对他们的学习最关键的事件的描述；（2）描述学生们学习旅途中的高低起伏的学习日志；（3）研究人员编纂的有关学生学习体验的文献；（4）教师们对自己做学生时的体验的回忆。据此，在混合模式下，教师有必要传授自身的经验，了解学生对自己体验的反馈。传统的写作课堂更有必要整合成为新的模式，即教师传授个人经验与指导学生自主学习写作的教学模式。

对于大学英语写作教学来说，大学英语体验式写作混合教学模式革新传统的写作链式教学模式，帮助教师和学生创设立体化的学习空间，提升学生的写作自信心，增添学习趣味，也对教学硬件提出更高的要求。另外这种模式着重“体验”的特性对学生自觉程度要求很高，也对教师个人的工作量和知识水平有所要求，只有双方共同贯彻才能达到良好效果。

第二节 基于交际能力迁移的大学英语写作教学模式的构建

在英语的学习过程中，英语教学模式起到了至关重要的作用。正确的英语教学模式将极大地促进大学生英语成绩的提高。英语写作水平在很大程度上体现了英语学习者的综合运用能力。研究表明，在英语教学过程中，英语写作与英语口语能力和英语词汇量有着密不可分的联系。大学英语写作充分体现了对于英语词汇的运用能力与词汇的丰富度。熟练的口语交际能力将大大地提高大学生英语写作能力。这为大学英语写作模式的构建提供了新的思路。因此，在课堂教学中，教师可以充分利用英语写作与英语口语的正迁移关系，结合词汇积累，进而提高学生英语写作能力。

一、大学英语写作教学模式的发展与研究概况

英语写作是大学英语学习的重要组成部分之一。在英语教学中的地位已日益彰显。起初，大学英语写作教学模式相对于其他方面英语教学模式而言，相对薄

弱，学生英语写作能力与成绩的提升收效甚微。在传统英语教学中，大部分大学英语教师更倾向于以教师传授为主，而非学生本身英语能力。随着对于英语写作教学模式的探索，课堂上的英语写作教学形式也变得更加丰富多彩。英语教师逐渐认识到英语中听、说、读、写之间的内在紧密联系，不断有英语学习研究者探寻这四者之间的英语迁移作用。

（一）交际能力与迁移理论的概念分析

1. 交际能力

在定义交际能力之前，必须提及乔姆斯基的“能力”和“表现”。乔姆斯基将能力与表现引入现代语言学中，引起了学界的强烈反应。乔姆斯基所定义的能力其实是指语言中的内在语法，即在理想的语言状态下说话人与听话人对于语言的运用，而表现指代在特定的语言社团中说话人与听话人对于语言的实际的操作与运用。

在乔姆斯基的语言能力的基础上，海姆斯提出了交际能力理论来完善乔姆斯基能力理论的缺陷。海姆斯认为一个具有交际能力的人，他不仅掌握了语言本身的知识体系，同时也掌握了在不同语言环境下，运用语言的规则，即语言能力和社会语言能力。

2. 交际能力在外语教学中的作用

首先，交际能力理论打破了传统的外语教学模式。交际能力理论的运用，明确了教师的引导地位，促进了学生的应用能力，同时也巩固了现有的知识体系。其次，在外语教学中，教师将英语教学紧密地与外语文化背景相结合。最后，交际能力理论的运用强调了语篇、语言环境、言语意图以及策略性教学的重要性。运用交际能力，不仅加深了大学生对于英语语言系统学习，同时也提升了学生的英语实际操作能力。这对于大学英语教师的课堂设计与课堂活动具有极大的参考价值。

（二）迁移理论

1. 迁移与语言迁移

“迁移”（transfer）源于心理学研究。迁移是指已经获得的知识、技能，甚至方法和态度对学习新知识、新技能的影响。就像在二语学习中，听力的提高能对口语能力产生促进作用；口语能力的加强能对写作的能力有促进效果，即在语法、词汇和二语思维能力等方面有所促进。Ellis定义迁移为“对任务A的学习会影响任务B的学习的一种假设”。而语言迁移，可以看作迁移的一种模式，指在学习新语言的过程中，已掌握的知识和为掌握的知识对目的语之间存在着异同，这种异同造成了不同的影响。这种影响会产生促进学习的作用和阻碍学习的作用，即正迁移和负迁移。

2. 对比分析

随着语言迁移的发展，语言学习者在语言层面的各个方面运用着迁移理念。而在语言运用中，常常将本族语与目的语相比较来分析两者之间的异同，进而达到更好的学习效果。这被语言学习者称之为对比分析假设。在语言学习中，与本族语的语言相似性将极大地促进新语言的学习，而相异性将干扰二语学习者。这种对比分析，将预见语言学习和教学过程中可能遇到的困难和错误。但是，本族语和目的语有时无法用对比分析来比较。因为其独特的语言特点极有可能不存在异同性。

（三）迁移理论在外语教学中的作用

对于外语教学者而言，教师们常常需要考虑语言的负迁移作用。在外语教学中，大部分学生都会受到母语的负迁移影响，从而不能学好外语。要是想教好外语，让学生的外语能力有所提高，外语教师必须重视语言迁移的作用。

外语教学中，由于学生缺乏学习语言的外语环境，只是单一的课堂教学。加上大学生的语言输入和输出量过少，不能达到量变促进质变的效果，大部分的学生深受母语思维的影响。尤其在二语写作教学中体现显露无疑。学生惯用将汉语文章用中式英语的方式翻译过来。往往这种中式英语文章语言不通，结构松散，更有甚者是词不达意。

然而，在外语教学中，充分利用迁移理论，将极大程度上减少或者避免母语负迁移的影响，提升大学生的英语能力以及成绩。总之，在英语教学中正确运用迁移理论将有助于教师高效学习课堂的构建和大学生英语能力的提升。

二、构建基于交际能力迁移的大学英语写作教学模式

（一）影响大学生写作能力因素

大学生英语写作能力差主要由以下三方面因素导致。

1. 在大学英语课堂教学的过程中，以教师为主，学生为辅

造成学生的英语输入量过大，而输出量过少，英语输入和输出间存在差距。同时，大学英语教师重视英语写作结果，不重视大学生英语能力培养。这造成大学生英语学习效率低能，写作能力差。

2. 在中国，大学生缺乏英语学习的环境

学习英语时间少，运用英语交流少。这造成了大学生英语知识掌握不牢固以及不能正确运用英语词汇、句式等。

3. 大学生以汉语思维为主，英语思维为辅

大学生无法正确和适时的转换两种思维。并且，大学生惯用汉语思维来写英语作文，即将汉语句子翻译成英语，组成篇章。

（二）基于交际能力迁移的大学英语写作教学模式

基于大学生的英语交际能力特点，建构“说写一体”的写作教学模式，在“说”方面，学生反复的说和复述给定文章直至背诵下来；教师根据给定文章，设置话题，让学生使用文章的语句和词汇进行对话交流。在“写”方面，教师设置相同的话题，并且每周安排二至三次写作练习。同时教师进行批分，并绘制成绩曲线和精品作文词汇与语句运用情况分析表。教师与学生互相反馈，讨论与修正后，学生再次进行写作练习，教师进行批改。

（三）解析交际能力迁移的大学英语写作模型与各要素间关系

1. 写作模型与“说”的关系

英语学习中，“说”是英语四要素“听、说、读、写”四要素之一，可见其重要性。有效性的“说”将促进学生对英语的掌握和运用能力。“说”是此写作模型的重要因素，只有掌握了良好的说的能力，才能达到语言正迁移的效果。教师将根据最新教学大纲，选取合适的一百篇英语文章，制成精品作文系列，按照经济、社会、人文等进行分类，便于学生查找。每周教师将从中选取两篇文章进行背诵。在课堂中，学生需根据指定文章进行：大声朗读—文章复述—分组讨论交流—指定话题对话环节。四个环节以后，学生将进行反馈和互评，互相指认话题讨论过程中曾出现错误情况，以及值得学习之处。

2. 写作模型与“写”的关系

写作模型设立的最终目的是促进学生写作能力的提升。而要达到此目的，不仅需要师生配合，还需要合理应用输入—输出的教学理论。学生通过练习“说”的能力，背诵了课文，学习了文选中的重要词汇和语句，增加了英语输入量。同时反复复述将极大地促进学生英语所学词汇和句法的应用能力。大量的输入必须与有效地输出相结合，才能达到“说写一体”，进而提升输出的质量。在写作过程中，学生运用所背诵文章的词汇和语句的能力将有所提升，写作能力和逻辑性也将提升。

3. 写作模型与“师生”的关系

在此写作模型中，学生是主体，教师是客体。只有把握好师生的关系和主导地位，才能提高学习和教学效率。以往的英语教学中，老师是主体，学生往往以听为主。而在当代的教学过程中，老师需要转变思路，达成“师生合作机制”，学生以练习和英语应用为主，教师从旁指导并改正错误。

4. 写作模型与“反馈机制”的关系

任何的模型建立都离不开“反馈机制”的合理应用。“反馈机制”是写作模型的“纪检委”，在“反馈机制”应用的过程中，学生将相互促进，提出问题，并找寻错误点。教师将帮助学生改正错误，并和学生有正面交流。同时，教师能够根据实际情况，合理运用写作模型。

5. 写作模型与“再次输入”的关系

“再次输入”是检验学生学习效果的重要步骤。在经过学生讨论、学生互评、教师修正之后，“再次输入”将加深学生的话题学习印象，学生能够反复推敲英语词汇和语句运用的合理性。在此过程之后，教师根据学生文章，再次进行批改，并点评。

基于交际能力迁移的大学英语“说写一体”写作教学模式的构建，充分体现了“输入—输出、说—写正迁移”的教学思想，验证了英语写作教学中，“说”的重要作用。总而言之，英语并非单一的学科，要想提高学生的写作能力，就需探究英语写作与英语要素“说”的关系。英语写作模型的构建，将为大学英语教学提供新的思路。

第三节　网络环境下大学英语写作教学模式研究

随着我国对外改革开放的深入，我国和国际间的交流日益频繁，使用英语输出的信息量也逐渐增多，据统计，万维网上的信息82.3%是用英语表达的。文本，特别是电子文本，已经成为21世纪人类在获取信息、处理信息、传播信息过程中最为主要的介质和方式。我们如何向世界传播最新信息，进行有效地交流？无疑熟练地掌握世界通用语言——英语，具备相应的英语写作能力是实现信息传播和交流“最大化”的前提条件。但是我国大学生英语写作能力普遍较差。据统计，国家英语四、六级英语测试结果显示：“写作依然是学生失分最多的项目，学生的写作平均分始终在50—60分之间徘徊。”由此可见，我国大学生英语写作能力远远不能满足社会和时代发展的需要。

写作是大学英语教学的重要组成部分，是综合性的语言输出过程。根据我国教育部高等教育部颁布的《大学英语课程教学要求》（以下简称《教学要求》），大学英语的教学目标是培养学生的英语综合应用能力。写作能力正是学生综合运用词法、句法、篇章知识以及思辨能力的体现。

一、文献回顾

近年来，许多学者对大学英语写作问题进行研究，取得很大进展。写长法是我国学者王初明在自己教学实践的基础上总结的较符合中国英语学习者特点的写作教学方法。英语写长法以“写”为突破口，旨在通过大量写作促进学生英语实际应用能力的提高。根据“写长法”的研究成果，写长作文也有助于提高学生的英语水平，并可以带动听说读能力的提高。

有学者主张在大学英语写作教学中引入过程写作法。过程写作法将写作视为一种复杂的、循环式的心理认知过程、思维创造过程和社会交互过程，其注重写作思想内容的挖掘和表达，注重学生作为写作主体的能动性，强调反复修改在写作过程中的作用。过程写作法把写作过程分为构思（planning）、初稿（first draft）、同级互评（peer reviewing）、修改或写第二稿（second draft）、教师批阅（commenting）、定稿（final draft）等过程。有关实证研究表明，过程写作法有助于学生能力的培养和提高，很好地促进了大学英语写作教学。

但是上述方法各有其局限性：写长法和过程写作法操作环节较多，所需时间较长，在进行集体讨论或同级互评时，个别学生喜欢在一些枝节问题上纠缠不休，既偏离主题又浪费时间。因此，使用过程教学法的课堂教学不易控制。

为此有研究者提出利用计算机和网络来提高学生的写作能力，认为计算机辅助英语写作教学有两个优势：一是学生更容易投入写作精力，二是教师更容易讲解写作过程。网络技术为学生创造了真实的英语写作环境，提供比较好的交流和互动平台，在激励求知、促进习作、提高综合交际能力等方面有着不可忽视的潜力。而且网络写作过程记录完整详细，写作评估模式上可以采用电子档案袋的测评方式来实现过程评估。

二、多媒体网络技术运用于大学英语写作教学的必要性

（一）国内写作教学的现状

在英语学习中，写作作为一项输出技能（productive skill）在英语教学中占有十分重要的地位。写作能够客观地反映学生的思维组织能力和语言表达能力，既可巩固学生已学的语言知识，又可发展他们的语言技能。但由于种种原因，写作在听、说、读、写、译各项技能中，却是广大学生最为薄弱的环节，是困扰教师和学生多年的一道难题。从历年来的大学英语四、六考试作文的成绩来看，大多数大学生写作能力偏低，作文所得的平均分数尚未达到及格标准。这表明，我国的大学生还未达到《大学英语课程教学要求》中关于“写”的能力要求，尚未真正形成初步的英语写作能力。

（二）写作教学应达到的目标

在学校教育中，不同层次的英语教学有不同写作能力的要求。如《高等学校

英语专业基础阶段英语教学大纲》在“写”方面要求“能根据题目，列出写作提纲，在1小时内写出200~250个词的短文”，“做到内容完整、条理清楚、语法基本正确、语言通顺恰当”。又如，《大学英语教学大纲》规定“写”的能力为“能在半小时内写出120~150个词的短文，如文章摘要等。文理比较通顺”。总而言之，写作教学的根本目标是：增强学生的英语写作能力，提高他们的英语写作水平。

（三）多媒体网络教学的优势

根据目前国内写作教学的现状，对照写作教学应达到的目标，不难发现，目前我国英语写作教学的实际与目标之间还存在着相当的差距。鉴于多媒体网络技术在写作教学中体现的种种优势，我们希望通过引入多媒体网络技术，将之与英语写作教学相结合，来开辟一条提高英语写作教学效率，促进学生英语写作水平的新途径。

1. 学习资源极度丰富

写作内容贫乏是中国学生在写英语作文时面临的最大问题，而导致这一问题的根本原因就在于写前没有充分地收集、吸收和消化各种素材。而多媒体网络技术在这方面提供了极大的便利。网上资源极其丰富，只要登录上Internet，通过搜索引擎，输入想查找资料的关键词，就可找到上百个相关网站，或者学生可以直接登录有关写作训练的网站，如Online Resources for Writers等，直接在这些网站上查找所需题材，在极短的时间内，就可以查找到大量相关文献。除了利用网络以外，还可选择相关内容的多媒体光盘，同样可以达到目的。

2. 学生的个体差异得到兼顾

众所周知，学生无论在个性还是在学习方法方面都存在着个体差异。多媒体网络技术兼顾到了学生的这种个体差异。例如，学生可以根据自己的理解能力和学习进度选择学习内容，对自己认为薄弱的环节加强知识技巧的学习；学生可以对自己感兴趣的话题进行更深入地探讨，可以对自己喜爱的文体进行更进一步的了解和学习等。这样一来，学生不仅在各种文体、风格题材的写作上得到训练，而且还可以在自己擅长的领域有所专攻，真正实现写作能力的增强和写作水平的提高。

3. 真正实现以学生为中心的教学

基于网络的大学英语写作教学模式的设计与实践活动，有助于教师教育观念和教学角色的转变，即从传统的“以教师为中心，单纯传授为主”向新型的“以学生为中心，培养学生自主学习能力”的转变；有助于因材施教，实现“立体化、网络化、个性化”的英语教学；有助于学生进行个性化学习、协作学习；有助于促进信息化教学。

三、多媒体网络技术运用于英语写作教学的实施模式

在多媒体网络写作环境下，写作每一过程、每一环节的教学该如何进行，从总体上提出了一整套用多媒体网络技术实现英语写作教学的解决方案。从过程教学法的角度，写作教学被划分为三个阶段：写前阶段、写作阶段和修改与重写阶段。写前阶段包括阅读、讨论和构思三个子阶段，在多媒体网络写作环境可实现：通过集体构思激发新思想；通过电子邮件讨论问题；阅读通过电子手段收集的数据等。在写作阶段，多媒体网络可以实现：利用具体的软件写出框架及草稿；快速浏览文章；教师通过e-mail实现对学生写作过程的监控。修改与重写阶段包括教师评改、同学与读者评改和计算机评改。教师的评改主要集中在两个方面，一是对作文内容、结构、布局等大的方向的修改，二是对文章语法、句子、词汇等细节方面的修改。对前者的修改应该是教师评改的重点。同学评改是教师评改的一个有效补充形式，应该引起足够的重视。计算机评改是多媒体网络写作环境的一项特别功能，利用计算机进行文档处理使对文章的修改和校对变得非常容易。学生可以免除反复抄写的劳苦，教师最大限度的从细节性、操作性的工作中解脱出来。

网络与计算机技术为英语教学的改革提供了广阔的空间，该项研究基于多媒体网络技术设计了新的英语写作教学模式，该模式能够为学生营造一个真实的英语写作环境，提供一个比较好的交流和互动平台，促进学生个性化学习方法的形成和学生自主学习能力的发展，真正实现以学生为中心的教学理念。

随着网络的发展，人们对网络的认识日趋深刻并将之越来越广泛的应用到工作和学习之中。网络不仅为学习提供了教学资料来源，也为教学提供了新的教学手段和教学途径。这一点在语言教学中尤为重要。英语教学专家普遍认为随着网络技术的发展，英语教学也发生了根本的转变，网络多媒体技术日益成为英语教学新手段、新方式。

随着我国经济体制改革的不断深入，尤其是我国在加入世界贸易组织之后，社会对学生的外语能力提出了更高的要求。在这种形势下，深化教学改革，提高英语教学质量，改革英语教学手段，创新英语教学模式势在必行。

《高等学校英语专业英语教学大纲》。这两个文件都强调在全面培养学生外语技能的同时，要更加突出学生的说、写和翻译的能力。同时在文件中还指出要利用网络多媒体技术，开发新的教学模式以改进传统教师讲授为主的单一的课堂教学模式。所有这些都为英语写作教学模式的改革提供了有利的条件。英语写作能力是学生英语能力的重要组成部分。长期以来，我国在英语教学中写作能力一直都是学生比较薄弱的一个环节。这一点在目前大学英语学习中虽有很大的改善和

提高，但是学生的写作能力无疑是听、说、读、写中最为薄弱的一个。尤其是在大学公共英语教学中，写作一直都是公共英语教学的一个附属环节，而没有独立出来成为一个单独的教学主体，这种情况就更加不利于学生大学英语写作能力的提高。

写作能力的培养是一个长期的过程，在学生没有自制力又缺乏教师监督的情况下，学生的写作能力很难得到提升。而缺乏练习导致学生写作能力低，影响了学生的考试成绩，进而打击学生英语写作学习的积极性，也影响了教学效果。

学生英语写作问题也可以从学生四、六级考试中体现出来。英语四、六级作文一般字数要求在一百五十字左右。在平常学习中学生也对之进行了针对性训练，但是学生写作成绩仍然是普遍较低。究其原因在于词汇量和句型匮乏，不能很好地表达自己的意思。同时还存在不能准确地判断作文主题的问题。这些因素都对学生写作成绩产生了很大的影响，也体现出了学生写作能力低以及大学英语教学中存在的问题。

通过对学生进行调查，我们发现学生在英语写作学习中主要存在以下问题：学生缺少写作的主动性和兴趣，依赖于教师的讲解和作业监督，没有自主学习的意识，缺少写作动机，教师不留作业，自己不想主动写作。而在实际的写作过程中存在问题如下：词汇量不足，没有思路，不能灵活运用所学词汇与句式，语法错误比较多，语篇连贯性不强，出现大量短句，长句子使用过程中以汉语思维来构造，不符合英语句式的使用习惯。我们可以看出，学生在英语写作学习和写作过程中是存在很大的问题的。

不仅学生如此认为，通过我们对大学英语教师调查分析，可以看出教师对英语写作教育也有很多的不满。很多教师认为在写作教学中缺少写作内容，缺少写作素材。而且由于写作没有成为一个独立的教学组成部分，导致写作时间和写作训练少。即使有写作训练，但是由于教师少学生多导致教师无法给予详尽的辅导。

通过以上分析，我们可以看出在英语写作教学中存在很大不足，同时学生的英语写作能力和社会要求的学生应该具备的写作能力相差甚远。

《大学英语课程教学要求》对学生的书面表达能力提出了三个层次的要求。

一般要求：能完成一般性写作任务，能描述个人经历、观感、情感和发生的事件等，能写常见的应用文，能在半小时内就一般性话题或提纲写出不少于一百二十词的短文，内容基本完整，中心思想明确，用词恰当，语意连贯。能掌握基本的写作技能。

较高要求：能摘译所学专业的英语文献资料，能借助词典翻译英语国家大众性报刊上题材熟悉的文章，英汉译速为每小时约三百五十个英语单词，汉英译速为每小时约三百个汉字。译文通顺达意，理解和语言表达错误较少。能使用适当的翻译技巧。

更高要求：能用英语撰写所学专业的简短的报告和论文，能以书面形式比较自如地表达个人的观点，能在半小时内写出不少于二百词的说明文或议论文，思想表达清楚，内容丰富，文章结构清晰，逻辑性强。而对于大多数学生而言，其英语写作能力能够达到一般要求就已经有一定困难了。所以英语教学尤其是写作教学中，我们要积极探索新的教学模式，努力提高学生的写作能力。

建构主义学习理论认为学生学习的中心，在学习过程中学习的学习动机在学生的学习过程中有着重要的作用。因此，以建构主义理论为基础的教学模式，在教学过程中重视“过程”“能力”“情景”“学习共同体”以及“意义建构”等因素。从建构主义理论角度来分析，我们可以看出网络平台给过程性写作提供了必要的取值条件，同时也给教师和学生之间的互动交流提供了便利的条件。建构主义学习理论也为网络技术和英语写作教学的结合提供了理论支撑。

网络带给教学活动最大的优势就是打破了时空限制，使得学生和教师可以方便及时地进行交流和信息反馈。网络可提供的信息资源是开放的而且是可以共享的，这就为教学提供了丰富的教学资源。同样的在英语写作教学中，教师可以利用网络搜集丰富素材以供教学之用。同样的教师可以利用各种网络交流工具和学生进行及时交流，了解学生在写作过程中遇见的问题，这不仅可以提高教学质量，更可以提高学生的学习兴趣，培养学生积极的学习态度。在英语写作中利用网络多媒体技术，学生能够参与学习的过程中，同时可以利用其模拟性给学生模拟出生动的情景，为学生英语写作创造出理想的学习条件和学习环境。这些无疑是符合建构主义学习理论的。

基于网络技术的发展、教育教学理论的创新以及大学英语教学的需要，在大学英语教学中我们要在充分利用网络多媒体技术的同时探索出符合时代需要的大学英语写作教学模式。结合跟人教学实践，大学英语写作模式的探索应该从教师、学生和网络技术三个方面入手。

从网络技术层面讲。网络技术是英语写作模式创新的基础，它的发展决定了英语写作模式革新的环境。其改善和发展也是教学模式得以创新的物质基础。网络技术的发展由两个方面构成：硬件设备和网站建设。硬件设备是必要的物质基础，是教学模式改革的基础。受经济条件的限制，学生不可能每个人都具备计算机。所以为了学生能够更好地进行网络环境下的写作学习，学校就应该构建必要的网络学习设备。

信息技术能够改变知识信息的呈现形态。依托网络教学平台，在写作教学中可以利用多种方式呈现作文题目、背景资料、词汇语法等，但是这一切的基础是良好的网站建设。网站建设也是实施英语写作学习的必备条件。学生在网上学习英语写作一个最大的困难就是不知道如何学习，找不到合适的学习网站。这就要求我们加强网站建设，为学生建设能够满足其学习需要的网站。一个科学的、合理的学习网站，不仅要有学习的课程，还要具有娱乐性的学习栏目。同时网站要集文字、图片和视频为一体，要坚决避免只有文字或者音频文件的枯燥的学习氛围。

从教师层面讲。教师要对网络环境下的英语写作教学有个清晰的认识。网络已经改变教学模式是一个不可逆改的事实。我们一定要打破传统的教学模式和教学思维，积极接受新的教学模式。这就要求我们要做到以下几点：

首先，要提高自身的计算机网络技术。教师计算机技术是教师适应网络环境下英语写作教学的基础。只有教师具有较高的计算机技术，才能够充分的利用网络资源丰富完善我们的教学环境。

其次，要实现教学模式的多元化。传统的教学模式囿于技术手段和教学资源的限制，教学模式是单一的讲述式教学。而网络技术为我们提供了丰富的教学资源和展现这些教学资源的技术手段，从而为我们实现教学模式多元化提供了物质和技术基础。这需要我们在不同性质的英语写作教学中采用不同的素材，使用不同的教学模式，以收到最佳的教学效果。

最后，教师的角色由教学的施教者转变为教学过程的监控者。“教师筛选与教学内容相关的写作材料并实现资源共享，下达写作任务，并对学生整个网上学习过程进行监督，及时发现并解决学习过程中出现的难题，更好地了解学生的学习状况。”

从学生层面讲。学生要充分利用网络的学习作用，要通过网络积极和教师进行交流。最关键的是要树立科学的学习观念，网络是一个重要的学习工具而不仅仅是娱乐工具。

网络环境下大学英语写作教学模式探究是一个长期的过程。在这个过程中，只要我们树立了科学的理念，相信我们一定能够构建合理的教学模式。我们的英语写作教学也会取得更好的成果，学生的英语写作能力也会得到提高。传统的大学英语写作教学的写作教学步骤是布置作文—收作文—批改—发还（学生已淡忘所写内容）—讲评，几乎不在课堂上对学生的习作进行修改，许多教师认为此教学模式存在严重问题，因为这给学生留下教师负责提高作文质量的印象。而基于网络和计算机的大学英语写作教学模式为学生自行修改习作提供了多种多样的支持。

（一）准备

学生明确写作主题和要求后，通常会采用（头脑风暴）brainstorming，在英语班的QQ群里提出自己对题目的想法，学生们的互动有助于其在写作的准备阶段发现作文材料、发掘写作意义和确定写作角度，教师也可提供适当帮助，建议学生浏览一些网站来检索与写作主题相关内容材料。

（二）写作

在写作阶段学生方法各不相同，有些人会通盘考虑文章的组织结构和内容并写出提纲（outline），而一些人会直接动笔几乎不花时间构思，但是他们在写作过程中经常停下来思考。学生不同的写作习惯提醒教师应因材施教，不要求学生在写作过程步骤上整齐划一，以其输出的作文质量为准。

现代网络技术和文字处理软件可以使学生轻松快速完成文稿，在线词典、wiki百科、China Daily英文网站和BBC官网等网络资源给予学生极大的帮助，学生可以通过输入关键词搜索找到相关写作素材和适合的英文表达方式，尤其在文本的编辑和修改方面，学生可以轻松地删除和粘贴复制。

（三）修订

给作文提出反馈（feedback），以期作者在此基础上进行修订是英语写作教学的重要步骤，绝大部分在线自动评改系统所提出的反馈是遣词造句方面的，从篇章布局和内容选择方面提供反馈还要依赖同伴互评（peer editing）和教师评价。

1. 同伴互评

把班级学生分成三至四人的小组，学生完成初稿后，将其通过e-mail，blog或QQ传给小组内同伴评阅。教师提供评价表（peer editing check list），指导学生从结构设置（organization）、连贯性（coherence）、内容（ideas/content）和技术性细节（grammar and mechanics）等方面入手对同伴作文进行评价。关于结构设置的评价表包括如下问题：

- Does the composition begin with an attention grabber or hook?
- Does the composition have at least three paragraphs?
- Does each paragraph have at least three sentences?
- Does each paragraph have a topic sentence?
- Does each paragraph have a concluding sentence?

学生依据教师提供的评价表逐一核对所评价的作文的结构设置、连贯性、内容和技术性细节（包括格式、拼写和语法是否正确等），对每一个问题进行思考后作出自己的回答，学生在填完评价表后，需以电子文档反馈给作者，供作者参考。每一位作者会收到至少两份来自同伴的反馈，在收到反馈后，据此对作文进行修改，并撰写反思报告，报告中需说明作者本人认同哪些同伴评价，以及如何根据同伴评价对作文进行修改的。学生在进行同伴互评时转换了身份和视角，以读者和评论者的身份眼光来审视作文，这激发起他们对写作的兴趣，并培养出写作过程中对读者的意识，可以有意识地选择写作内容和方法，以求客观清晰地表达主题思想，不再自说自话。

2. 教师评价

在写作的结构设置和技术性细节方面，由于在学生自查和同伴互评的环节中，教师已提供详细的评价表，学生在网络工具的辅助下，错误拼写和格式等基本问题可以避免和纠正，但教师可能需要指出连写句（run-on sentences）和残缺句（fragments）等问题的存在。

学生把依据同伴评价修改后的作文二稿通过写作博客平台提交给教师，博客平台的内容更新方便教师及时关注。教师在评价学生习作第二稿时更侧重文章的内容和连贯性，考虑行文是否合乎逻辑讲得通？文中的转折语句使用是否正确？是否有行文累赘的部分？还需考虑是否文章所有内容都支撑论点？论点是否得到充分证明？文中句子结构是否多样？

在评价学生作文时，教师会积极肯定学生作文的长处，客观评论而不批评，在缜密思考后提出具体可操作的修改意见，提出诱导性的问题而是不直接帮助学生修改。例如：

- Smooth transition.
- Interesting analysis.
- Why do people react this way?
- How is this related to the theme of Love Knows No Bounds?

教师对学生作文就谋篇布局、行文连贯和内容遴选等问题提供反馈后，将作文返还学生，学生再次进行反思与修改，而后将修改完成的第三稿提交在线自动评改系统，由于学生的初稿已在线提交过，教师会要求学生本次提交的定稿与初稿相比至少有30%或更高比例的修改（这一点可以通过平台提供的查重功能做到），以确保学生充分考虑同伴和教师的反馈，积极认真地进行了作文的修改。同时，学生在修改过程中也更熟练地运用各种写作技巧，养成站在读者角度客观审视自己文章的习惯。

教师点评除了就文章的谋篇布局和内容遴选等提出反馈，同时也特别强调文章是否有作者的创见（original viewpoint）。若学生在作文中提出独到的见解并可以自圆其说，会得到额外加分。这一举措旨在鼓励学生独立思考，批判性遴选作文素材。

（四）建立档案

于强福介绍了美国匹兹堡大学英语写作教学模式，教师把学期内学生所有写作文件整理放入一个文件包存档，这一举措在在线电子平台上方便可行。学期末要求学生提交个人电子版写作档案，需要包括所有作文的初稿、二稿，和其中一篇作文的定稿，所有作文的同伴评价意见，所有作文写作过程中的反思报告，以及对整个学期英语写作学习的反思报告。档案可以帮助教师了解学生在一学期的英文写作学习中的付出与进步，辅助教师对学生进行过程性评估。同时也有助于学生客观反省自己在英文写作学习中的问题，从而自觉加强自身薄弱环节。

（五）网络平台

新视野大学英语在线学习系统为使用《新视野大学英语》系列教材的师生提供在线辅助学习和教学，提供互动交流的平台。每一位教师和学生都有自己的账户和密码，老师可以将教学课件、教学资料、作业布置、各种通知等上传至平台，方便学生课后查阅和复习参考，而学生也可以将作文作业上交至此网络平台，教师通过平台进行评改，还可以将佳作放置公告栏，以便于其他学生浏览学习。与此同时，教师可以建立写作博客，班级可以建立QQ群，利用e-mail等信息技术手段在网络平台上充分利用各种资源辅助英语写作。

网络环境下的大学英语写作教学基于“输出驱动—输入促成假设”，结合了写作与阅读教学，使二者相互促进，进一步激发学生对写作的兴趣。首先设定写作的输出任务，促使学生积极主动阅读以输入写作需要使用的句式和写作手法，以读促写；之后在写作过程中需要充实文章的内容和丰富表达手段，学生会自发在网络平台上利用各种信息技术搜索相关材料，而面对网络提供的海量信息，学生反过来又要大量阅读，从中筛选，此刻是以写促读。

同时，网络环境下的大学英语写作教学培养了学生的自主写作能力和思辨能力（critical thinking skill）。学生需要根据写作主题自主确定如何使用从课文中提炼出的句式，在完成初稿的过程中需进行自我校对，收到同伴互评的反馈后，需要进行自我修改和反思来完成第二稿，收到教师反馈后又要再次自我修改完成定稿，整个写作过程里，学生都是独立地进行文章的构思、修改和完善，并逐渐建立起读者意识，可以客观评价他人与自己的作品。而与此同时，在网络上搜集写作素材时，学生更进行了批判性阅读，有意识地思考信息针对的对象，质疑信息提供者的态度立场，以及依据自身经验去判断信息是否可靠，从而决定对写作材料的取舍，提出创见。这种自主写作能力和思辨能力，无论学生以后从事专业研究、撰写学术论文还是应对日常生活，都是不可或缺的。

第四节 大学英语写作教学改革模式创新研究

“互联网+”时代的到来，意味着信息技术可以同各项传统产业结合，从而提高某个产业的生产力；同样，教育行业也是一样。“互联网+”时代下，学生也可以通过信息技术获取很多的信息及资源，但也对现有传统的陈旧的高校教学模式提出了新的要求，如果高校依旧保持原有的教学方法和教学模式，必然导致教学效率的下降，减弱教学的有效性。“互联网+”时代下，经济全球化，更需要学生提高写作能力，因此，有必要对“互联网+”时代下的大学英语写作教学模式的创新进行分析研究，以便提高学生的写作能力，使学生更好地符合社会对人才的要求。

一、“互联网+”时代下的大学英语写作教学模式的现状

英语作为世界通用语言，其重要性自不必多说。其中英语写作能力是英语语言能力的一个重要组成部分，能够较为全面地反映学生的真实英语能力。因为一篇优秀的英文作文，需要作者具备大量的英文词汇并准确地应用词汇语法组成句子，而不是根据中文的表达习惯进行写作，这就变成了chinglish。因此，提高学生的英文写作能力，相当于提高了学生英语的词汇、语法能力等。但是我国大部分高校的学生其英文写作能力并不高。传统的英语写作教学模式以教师为主，学生被动接受，这种陈旧的写作教学模式容易让学生产生厌烦感，难以调动学生的学习兴趣，使得教学效率低下，不仅浪费时间，而且使得学生的写作能力得不到提高，教师的教学兴趣下降。这种教学模式也不利于师生之间的互动，学生的问题不能及时得到解决，学生的主动性被磨灭，导致教学的效果差。教师可能认为，课堂上的时间短，学生无法完全掌握写作中的重难点，因此会在课下布置大量的作业，让学生进行大量语言的使用练习；但从学生的角度来看，会面临作业量太多的问题，而且如果语言和内容的问题得不到及时反馈，学生的兴趣可能就所剩无几了。因此对这种现象要及时更正，以便提高学生的英语写作能力。

二、“互联网+”时代下的大学英语写作教学模式教学面临的挑战

（一）学生的写作效率变低

互联网技术的快速发展，使得高校教师和大学生能够很方便地获取各种信息，方便了高校教师在教学中对资料的分享和发送。大学生可以通过互联网搜索到自己想要的信息，尤其是在英语写作时，可能对某些词汇的使用不清楚，就可以通

过各种互联网词典进行查询，从而获取自己所需要的内容。教师也可通过网络给学生布置任务，直接在网上批改，这样就减少了纸质作业的复杂性，节省了时间、物力、财力等。但是学生在使用网络进行信息查询时，可能会降低自身的效率。因为互联网中有各种各样的信息，如果学生不想写作业，就会在互联网上先进行各项娱乐活动，如此便浪费了大量的时间，到最后可能只是匆匆把作业写完，或者直接在网上抄一段来应付作业，此种做法对学生英文写作能力的提高毫无用处，还浪费了时间。而且网络上的电子词典或者解答可能不太准确，但学生自身可能不知道，因此，会存在误导学生的情况，所以便要求教师在写作能力教学时，对学生如何完成作业，如何找到优质的资源及词典提出要求。

（二）教师自身素质需要提高

随着计算机技术在各行业的应用，高校英语写作教学中使用信息技术也成了必然。首先“互联网+”时代下，大学生学习资料的获取变得更为便捷，学生的选择变得更多。如果教师还只是采用传统的教学方法，课堂教学的趣味性便无法保证，那么学生可能会选择逃课，或者在课堂上做其他事情。长此以往，学生的反抗情绪可能会日渐增长。而网络上有很多英语写作教学课堂，喜欢学习的学生可能会再付费购买网络课堂来补充知识点语法等。但是由于网上的课程种类繁杂，知识点不统一，可能学生也不知道哪种课堂适合自己，可能出现购买的课程过难或者过易的情况，因此教师必须结合现有的互联网技术，创新大学英语写作教学模式，提高学生的兴趣以及课堂的趣味性，进而提高课堂的效率，这样一来，学生的英语写作能力自然会提高。

三、“互联网+”时代下的大学英语写作教学模式存在的问题

（一）课堂教学过分依赖多媒体

大多高校教师可能对互联网不是太懂或者自身不想去使用更丰富的互联网技术。因此在学校要求教师在教学过程中要与互联网结合时，有些教师就片面地理解为采用多媒体教学，导致一些教师只是通过网络下载已有的PPT或者在以前的PPT上进行稍微改动，便带到课堂上。但是在讲课中只是使用PPT进行知识点的展示，虽然在一定程度上缓解了课堂上枯燥的气氛，但是效果低微。学生也可能会认为教师不认真而产生反感情绪，从而降低课堂效率。互联网技术不仅是指多媒体，过多使用多媒体教学，一方面可能使教师变得懒散，另一方面不利于高校培养学生的各项能力。这是现阶段大学英语写作课堂教学中的主要问题。

（二）多媒体制作过分重视技术

为了提高教学水准及课堂的有效性，高校应定期开展教学的视察和评比工作。

这在一定程度上促进了高校教师的业务能力和教学能力。但是在一定程度上会增加教师的负担和压力。一般教师可能在平时采用传统的教学方法，而在高校评比工作期间，为了得到好的效果，会花费很大的精力进行课件和教案的设计及准备，由于与平时采用的教学模式不同，因此就需要学生的大力配合，可能会进行提前练习，浪费学生的时间。而且过于注重对教学视频的设计，注重在视频制作中增加计算机技术的比例，可能会导致英语写作教学中的内容过于空洞，甚至只是停在形式方面。应该明确的是，高校开展这项活动的目的是推进教学改革，提高教学先进性和高效性，而不是教师个人能力的提升。这种形式多、内容少的现象，背离高校的最初目的，对学生英语写作能力的提高用处不大。

（三）受传统教学模式思想影响较深

在传统的教学模式中，教师是主体，学生处于被动地位，这种传统的、单一的教学模式使得学生觉得课堂枯燥无味。传统的教学思想根深蒂固，导致以学生为主体的教学模式难以快速展开，尤其是在高校英语写作教学中，学生的问题得不到及时的解答，影响学生的积极性和主动性。因此，教学模式的改革和创新，需要教师内心的认可和学生的配合。提高教师对创新教学模式的认识，从而进行各种网络信息化和课堂教学结合的尝试，找出适合的高校英语写作教学模式。高校也要加强信息化设备的投入，提高教师教学的便利性。

四、基于网络多媒体的大学英语教学面临的挑战

网络多媒体建术打破了时空的界限，建立了一种开放性的教学环境，这就使得传统的密集型教学转向分散化、个别化、社会化的教学，教学活动的时间和范围都在向外扩展。但是，如何开启有效的网络多媒体手段，创造先进的基于网络多媒体的大学英语教学模式，是当前英语教学需要面临的重大问题，也是网络多媒体技术对大学英语教学的挑战。

（一）对学生的独立学习能力提出了更高的要求

网络多媒体技术使学生的学习不受时间、地点的限制，充分体现了网络自主学习模式下以学生为学习主体的个性化学习。它要求学生要有很高的自控性，主动性要较强，能够根据教学要求，认真完成教学任务而不是偏离学习要求沉迷于网络游戏。这一方面需要端正学生的学习态度，明确学习目标，另一方面也需要加强教师的指导和监控，以科学的评价体系和标准完善教学监督和管理，才能确保学生完成老师规定的学习任务，并合理利用学习时间。

此外，网络多媒体技术下的英语学习对学生掌握和使用计算机的能力提出了更高的要求。特别是网络提供的信息都是各个领域的新信息，但是对信息的控制

很大一部分掌握在学生自己的手中，因此学生需要根据自己的需要对信息进行不同的组合，通过重组、添加将新旧知识组合在一起。也就是说，学生决定着自己学习什么、怎么学习以及什么时候学习。可见，基于网络多媒体的大学英语教学对学生的学习能力提出了更高要求，他们需要对知识进行选择，制订符合自己的学习计划，以发挥学习者的积极作用。

（二）对大学英语教师的素质提出了更高的要求

在教学过程中，教师的作用发生了一定变化。传统教学中教师的地位占主导，教师想讲什么就讲什么，想怎么讲就怎么讲，因此教师就是知识的传授者，学生是被动的接受者。而在网络多媒体环境下，教师的作用并未消减，教师起着协调、组织的作用，并且有时会充当学生，学生不再是被动的接受者，而变成了协作者。可以看出，这时候师生关系变成了平等的关系，在这种关系中，师生之间能够通过各种形式进行交流，教师也会在交流中不断鼓励学生进行尝试和探索。

网络多媒体技术是一把双刃剑，既有利也有弊。一方面它对教师来说提高了教学的效率；另一方面它对大学英语教师的素质提出了更高层次的要求。在基于网络多媒体的大学英语教学模式下，教师需要在以下几方面加以提高。

1. 更新教学观念

在新的教育形式下，教师要加强对教育现代化和最新的外语教学理论学习，树立终身学习的观念，不断提高自己的业务素质和水平，只有转变传统教学理念才能适应新的教学模式。在基于网络和多媒体的大学英语教学模式下，教师的作用发生了一定变化，教师不只是传统语言教学中知识的传授者，更是课堂教学的设计者、组织者、协调者，学生学习的督促者和学习效果的评估者，而学生不再是被动的接受者，而是自身学习的管理者、监控者、探究者和协作者。角色的转变对教师业务素质提出了更高的要求，也促使教师不断提高自身素质。

2. 研讨网络多媒体的教学形式和方法

网络多媒体教学和传统教学有很大的不同，其教学思路、方式、内容、过程等方面都发生了明显的变化，但注重英语语言知识传授、语言技能训练与语用能力培养，仍是基于网络多媒体大学英语教学模式的核心。教师作为教学活动的组织者，只有协调好学生（教学的对象）、教学内容（英语交际必备的听、说、读、写、译技能）、教学环境（课堂教学和课后学习）、教学方式（课堂面授与课后自学）等要素之间的关系，形成符合语言学习目的合理的教学结构，才能发挥教学模式应有的效力。为此，教师不断研讨网络多媒体的教学形式和方法，注重如何设计课堂教学并组织、完善课堂教学对实现教学目标起着重要作用。

3. 提高网络多媒体操作能力

提高网络多媒体操作能力是实现新教学模式的保证。教师除要具备精深的业务水平、具有广博的学识、敏捷的思维外，还要了解和掌握网络多媒体技术的理论，精通计算机软件、硬件，并且能够根据自己的需要设计微课、翻转课堂教学视频和软件，实现教学过程的最优化，达到启发学生思维，发展英语实际能力的理想教学效果，为学生学习思考、参与活动、探索知识提供技术保证。

（三）对学生甄别信息、正确利用信息提出了挑战

网络多媒体技术为学生提供了丰富多彩的信息，但其中不可避免地会掺加一些错误的或者无用的信息。因此，教师还需要引导学生提高甄别信息的能力，并教育学生正确利用网络信息，将自己的时间与精力真正应用到知识的积累与学习上，而不是浪费时间玩游戏、看网页，忽视对英语课程内容的巩固和复习。

此外，学校的管理部门也需要对校园网络进行监管，制订严格的规章制度，对学生的上网情况进行监控，这都有助于保证学生正确上网。

五、基于网络多媒体的大学英语教学的应对策略

网络多媒体技术为大学英语教学既带来了机遇，也提出了挑战。因此，当前的大学英语教学只有顺应时代的变化，紧紧抓住这些机遇，并且正视这些挑战，才能更好地推动大学英语教学的发展，才能更好地培养出社会需要的英语人才。那么，如何才能以网络多媒体技术作为依托，推动大学英语教学走向一个新台阶呢？作者认为需要采取如下几点应对策略。

（一）加强对学生学习的指导，正确处理好传统课堂教学与多媒体教学的关系

网络多媒体技术提供的学习具有开放性，因此学生是否进行网上学习、在多媒体教室做什么的时间到底为多少，是很难确定和知道的。尤其是在开始时，学生面对浩瀚的资料、计算机的功能，常常会感到无所适从，有的学生甚至走入玩游戏、看电影的层面，而没有进入有意义的学习中。因此，教师需要对学生进行指导，在课前要告诉学生每个单元的课时，如何安排，实现什么教学目的；要告诉学生网上学习的内容，完成哪些作业，同时检查学生的学习效果。

教师要时刻注意学生的学习进展情况，尤其要加强师生之间的沟通和交流。教师应从实际情况、学生的实际表现对每一部分内容的比重进行调整，不能放任学生，也不能让多媒体完全取代课堂教学，而应该将多媒体与课堂教学结合起来，并协调好二者的比例关系，对新型教学方法进行有步骤地实施，才能真正地发挥网络多媒体技术的作用。例如，要围绕课堂内容组织课堂讨论、组织讲座等，让学生主动上台演讲，提高自己的表达能力和严谨的交际语言能力。

（二）保证硬件设备能够到位，并且顺畅运转

网络多媒体技术的一大优势是实现资源共享。网络多媒体技术应用于大学英语教学应该贯穿于教学工作的全过程，其建立在校园网基础上，主要由智能计算机辅助系统、网上交流系统、多媒体课件等硬件设备构成。在硬件设备的建设上，学校应为教学提供技术保障，要利用好校园网和多媒体网络教室，保证学生可以在不同时间、不同地点展开上机学习，保证网络的顺畅运转。

此外，教师还要注意对硬件设备进行改进和维护，加强对多媒体教室的维护和管理，提升硬件设备的质量。

（三）制订政策，鼓励一线教师参与教学软件的制作和设计

硬件是网络多媒体辅助英语教学的基础，而软件是其保证。文字教材、电子课件等教学材料的建设，要做到统筹兼顾、统一规划，同步进行。同时，应该鼓励具有丰富教学经验，又能熟练操作计算机的外语教师、科研人员、计算机专业人员和电教工作人员积极参与教学课件的编写与制作，可制作投影片、录像片以及各种微课视频等，对参与人员应该设置一定的教学工作量，对优秀课件进行奖励，并在物力、财力方面给予相应的保证和投入。此外，大学英语教师在教学的过程中也可以通过与学生进行探讨，不断获得新的启发，再将这些信息融入软件的建设中，不断改进和完善教学软件和课件，为英语教学的顺利实施奠定良好的基础，做一个软件开发的有心人。

六、“互联网+”时代下大学英语的教与学

（一）对英语教师而言

网络学习平台、手机英语学习App、微信公众平台的移动课程，这些以网络为载体的大学英语教学和学习方式，冲击着大学英语的传统课堂，挑战着大学英语的教学理念和英语教师的角色定位。因此，英语教师应从以下几个方面调整自己，从容应对和把握“互联网+”时代带来的机遇和挑战。

1.以新思维指导自己

在大学英语教学中，“以学生为中心”的口号喊得空洞又无力，英语教师依然是采用集体的、满堂灌的讲授式教学，沿用以“教”为中心的传统模式。“互联网+”时代的思维本质是在科技通信时代，一切都将也必将以“以人为本”作为出发点，以满足个性化的需求。而“人性化”在大学英语教学上的具体体现就是“以学生为中心”，这也要求英语教师重新解读“以学生为中心”这一理念。“以学生为中心”是指以学生的学习和发展为中心，从以“教”为中心向“学”为中心的转变，反对填鸭式、灌输式教学，主张解放学生的思维，发挥学生在学习中的

主观能动作用，提倡协作式、个性化、小组讨论等多种教学形式组合起来进行教学，要全面、整体、协调推进。英语教师要转变教学观念，全方位设计大学英语教学，从根本上以学生为出发点和落脚点。

2. 以新角色定义自己

教师的传统角色一直是“传道授业解惑者”。英语教师在信息技术不发达的情况下以及传统的教学模式下，扮演着知识的占有者和传播者。

“互联网+”时代不仅打破了这种英语知识和其传播的垄断，而且提供了不受时空限制的语言学习和交流的平台和方式，但这并没有减轻英语教师的负担，也不意味着英语教师一职将被替代。相反是凸显了英语教师的重要性，因为在大量的网络学习资源下，如何甄别、选择、利用网络资源，有效地学习英语语言知识是大多数学生面临的问题。在这些新问题下，英语教师扮演着学习者、研究者、设计者、合作者、引导者等更丰富的角色。

“互联网+”时代带来的不仅是大学英语新的教学和学习方式，还有先进的大学英语教学理念和大量的学习资源。英语教师应秉承终身学习理念，不断充电，在课堂上与学生合作互动，促进大学英语的教与学；在课下引导学生积极主动地学习英语。

3. 以新科技武装自己

新型的大学英语教学和学习方式有着传统课堂无法比拟的移动性、灵活性、多样化、情景化特征。而将传统大学英语课堂与新型教学和学习方式合理结合是“互联网+”时代大学英语教学的必然趋势。这就要求英语教师除了具有过硬的专业知识，还要熟练掌握并灵活操作与教学相关的计算机办公软件，必要时，还要学会解决教学时出现的简单的软件问题，确保教学活动的顺利开展，高效地服务于现代大学英语教学。

（二）对大学生而言

“互联网+”时代下，大学生也面临着挑战。大学阶段是人生的重要阶段，而大学生的身心发展还未真正成熟。信息时代的到来，各种网络学习资源井喷式的出现，考验着大学生的思辨能力和学习能力。大学生要在日常生活中训练自我思维能力，根据自己的学习需求获取正确的知识资源，积极主动地利用各种在线学习课程和学校提供的网络自学条件，从被动学习转变为自主学习，从接受式学习转变为探究式学习，从个人分散学习转变为合作学习。

参考文献

[1] 数字化资源环境下新型英语教学模式与创新研究［M］. 上海：上海交通大学出版社. 2019.

[2] 张艳璐. 英语语言学教学方法创新与创造性思维能力培养［M］. 北京：中国农业出版社. 2019.

[3] 朱婧，焦玉彦，唐菁蔚. 大学英语多元互动教学模式研究［M］. 长春：吉林大学出版社. 2019.

[4] 李明心. 研究生公共英语教程［M］. 北京：知识产权出版社. 2019.

[5] 韩俊秀，吴英华，贾世娇. 任务型学习法与高校英语教学［M］. 广州：广东旅游出版社. 2019.

[6] 卢敏. 中国英语教师教育研究［M］. 武汉：武汉大学出版社. 2019.

[7] 林琳. 英美国家概况英文版第2版［M］. 北京：对外经济贸易大学出版社. 2019.

[8] 韩峰. 英语教学及其教学模式研究［M］. 北京：中国纺织出版社. 2019.

[9] 黄洁，曹煜茹. 高校商务英语教学研究［M］. 延吉：延边大学出版社. 2019.

[10] 余兰，黄仕圆. 高校英语教学理论与实践［M］. 长春：吉林人民出版社. 2019.

[11] 跨文化视角下的大学英语教学创新研究［M］. 长春：吉林出版集团股份有限公司. 2019.

[12] 陈晓光. 英语教学与模式创新［M］. 北京：中国商务出版社. 2019.

[13] 英语教学与模式创新［M］. 北京：北京工业大学出版社. 2019.

[14] 雷先会，刘春慧，张婷婷. 英语教学的改革与创新研究［M］. 长春：

吉林大学出版社. 2019.

[15] 王宏宇. 英语教学模式与创新研究 [M]. 哈尔滨：黑龙江人民出版社. 2019.

[16] 张敏，马力，何少芳. 英语教学实践与创新研究 [M]. 哈尔滨：黑龙江人民出版社. 2019.

[17] 曲业德. 高中英语教学实践创新 [M]. 北京：现代出版社. 2019.

[18] 司筱. 英语教学模式创新探究 [M]. 长春：吉林出版集团股份有限公司. 2019.

[19] 大学英语教学探索与创新 [M]. 延吉：延边大学出版社. 2019.

[20] 王保宇. 英语教学模式研究与创新 [M]. 郑州：郑州大学出版社. 2019.